JN060428

もくじ

この本の特色

　全商3級・2級，日商3級，全経3級を解くうえで必要となる内容を，短期間で習得できるようにまとめました。より詳しい問題形式や出題傾向については，各検定試験に対応した模擬試験問題集等を使って確認しましょう。

構成と使い方

●まとめと例題：各単元のまとめと例題を掲載しています。重要な箇所は穴埋めにしてあるので，ヒントを参考にしながら作業して知識を整理しましょう。

また，QR コードから，穴埋め後のまとめと例題を確認できます。

https://www.jikkyo.co.jp/d1/02/sho/smboki

●問題　　：学習した内容を定着させるための問題です。

●index　：どの検定試験の出題範囲に対応しているか，全商3 全商2 日商 全経 のアイコンとともに示してあります。

1 資産・負債・資本

資産・負債・資本 全商3 日商 全経

資　産 … 現金・商品・備品・建物・土地などの財貨や，売掛金・貸付金など，後日一定金額を受け取る権利（債権）を**資産**という。

負　債 … 買掛金・借入金など，将来一定の金額を支払わなければならない義務（債務）を**負債**という。

資　本 … 資産の総額から負債の総額を差し引いた純資産の額を**資本**といい，次の資本等式で示すことができる。また，個人企業の資本には資本金があり，株式会社の資本には株主からの出資である資本金や経営活動によって得た繰越利益剰余金などがある。

$$資　産　-　負　債　=　資　本（純資産）　…　（資本等式）$$

例題 次の各項目を資産・負債・資本に分類し，資産・負債の総額と資本の金額を求めなさい。

> 財貨なので，資産となる　　　　　債務なので，負債となる　　債権なので，資産となる

| 現　金 ¥100 | 商　品 ¥300 | 備　品 ¥200 | 借入金 ¥900 | 買掛金 ¥200 |
| 建　物 400 | 土　地 500 | 資本金 ? | 売掛金 150 | 貸付金 250 |

> 資本金は資本となる　　資産¥1,900 － 負債¥1,100 ＝資本¥800

資　産	（ 現　金 (例) ）		負　債	⑧ (　　　　　　)
	① (　　　　　　)			⑨ (　　　　　　)
	② (　　　　　　)			総　額 ⑩(¥　　　　)
	③ (　　　　　　)		資　本	⑪ (　　　　　　)
	④ (　　　　　　)			
	⑤ (　　　　　　)			
	⑥ (　　　　　　)			
	総　額 ⑦(¥　　　　)			金　額 ⑫(¥　　　　)

1 1 次の各項目のうち，資産に属するものにはＡ，負債に属するものにはＢ，資本に属するものにはＣを，それぞれ（　　）のなかに記入しなさい。

1. 商　品（　　　）　　2. 資本金（　　　）　　3. 買掛金（　　　）　　4. 備　品（　　　）
5. 現　金（　　　）　　6. 売掛金（　　　）　　7. 貸付金（　　　）　　8. 建　物（　　　）
9. 借入金（　　　）　　10. 土　地（　　　）

1 2 次の資料から，資産の総額と負債の総額および資本の金額を求めなさい。

資　料

| 現　金 ¥ 50,000 | 売掛金 ¥ 60,000 | 商　品 ¥110,000 | 建　物 ¥300,000 |
| 備　品 80,000 | 土　地 400,000 | 買掛金 90,000 | 借入金 680,000 |

| 資 産 の 総 額　¥ | 負 債 の 総 額　¥ |
| 資 本 の 金 額　¥ | |

2 収益・費用

収益・費用 　全商3　日商　全経

収 益 … 企業の経営活動によって，資本が増加する原因を**収益**といい，売上高・受取手数料・受取利息などがある。

費 用 … 企業の経営活動によって，資本が減少する原因を**費用**といい，売上原価（売り上げた商品の原価）・給料・広告料・支払家賃・通信費・水道光熱費・雑費・支払利息などがある。

例題 次の各項目を収益・費用に分類し，収益・費用の総額を求めなさい。

> 資本が増加する原因なので，収益となる

> 資本が減少する原因なので，費用となる

売 上 高 ¥2,400	通 信 費 ¥100	給 料 ¥400	雑 費 ¥300
受 取 利 息 250	受取手数料 350	支 払 利 息 150	広 告 料 100
売 上 原 価 1,000	水道光熱費 200	支 払 家 賃 250	

	(売上原価(例))		⑨ ( )
	① ( )		⑩ ( )
	② ( )		⑪ ( )
	③ ( )		
費 用	④ ( )	収 益	
	⑤ ( )		
	⑥ ( )		
	⑦ ( )		
	総 額 ⑧(¥)		総 額 ⑫(¥)

2 1 次の各項目のうち，収益に属するものにはD，費用に属するものにはEを，それぞれ（　）のなかに記入しなさい。

1. 給　　　料（　　　） 　 2. 広 告 料（　　　） 　 3. 売 上 高（　　　）
4. 支払家賃（　　　） 　 5. 通 信 費（　　　） 　 6. 水道光熱費（　　　）
7. 受取手数料（　　　） 　 8. 雑　　　費（　　　） 　 9. 支 払 利 息（　　　）
10. 売 上 原 価（　　　） 　 11. 受 取 利 息（　　　）

2 2 次の資料から，収益総額と費用総額を求めなさい。

資 料

売 上 高 ¥200,000	受取手数料 ¥ 5,000	受 取 利 息 ¥ 2,000
売 上 原 価 130,000	給 料 13,000	広 告 料 5,000
支 払 家 賃 8,000	支 払 利 息 1,000	

収 益 総 額 　¥	費 用 総 額 　¥

3 貸借対照表・損益計算書

全商

日商

全経

貸借対照表 全商3 日商 全経

　企業の一定時点における財政状態を明らかにするために，資産・負債・資本(純資産)を記入した表を**貸借対照表**といい，次の貸借対照表等式で表すことができる。

$$資　産　=　負　債　+　資　本(純資産)　…　(貸借対照表等式)$$

例題 1　札幌商店の令和○年1月1日における次の資産と負債によって貸借対照表を作成しなさい。

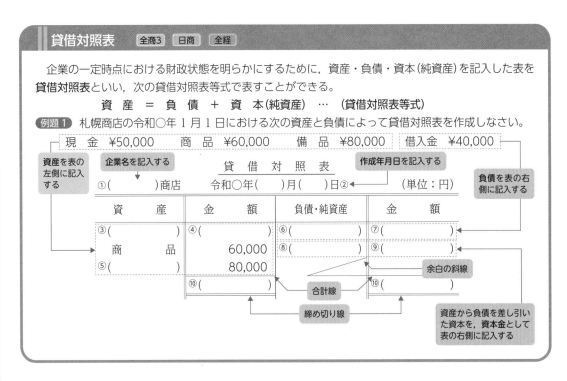

3 1　東北商店の令和○年1月1日における次の資産と負債によって貸借対照表を作成しなさい。

　現　金　¥100,000　　商　品　¥650,000　　備　品　¥200,000　　借入金　¥450,000

貸 借 対 照 表

資　　　産	金　　額	負債・純資産	金　　額
(　　　　　)	(　　　　　)	(　　　　　)	(　　　　　)
(　　　　　)	(　　　　　)	資　　本　　金	(　　　　　)
(　　　　　)	(　　　　　)		
	(　　　　　)		(　　　　　)

(　　　　　)商店　　　　　令和○年(　　)月(　　)日　　　　　(単位：円)

3 2　関東商店の令和○年1月1日における次の資産と負債によって貸借対照表を作成しなさい。

　現　金　¥120,000　　売掛金　¥160,000　　商　品　¥230,000　　建　物　¥500,000

　備　品　140,000　　買掛金　170,000　　借入金　180,000

貸 借 対 照 表

(　　　　　)商店　　　　　令和○年(　　)月(　　)日　　　　　(単位：円)

資　　　産	金　　額	負債・純資産	金　　額

財産法による純損益計算と期末の貸借対照表　　全商3　日商　全経

　企業は，その経営活動を継続して営んでいるため，一定の期間を区切って純損益の計算を行う。この純損益を計算する期間を**会計期間**といい，会計期間の初めを**期首**，終わりを**期末**という。

　企業の経営活動によって，期首の資産・負債・資本の金額が変化し，その結果，期末資本が期首資本より大きくなった場合は，その差額を**当期純利益**といい，逆の場合は**当期純損失**という。このように，期末資本と期首資本を比較して，当期純損益を計算する方法を**財産法**といい，次の等式で示すことができる。

期末資本 － 期首資本 ＝ 当期純利益（マイナスのときは，当期純損失）

　また，期末の貸借対照表では期末資本を期首資本と当期純利益に分けて表示する。

例題 2　次の札幌商店の資料から，期首資本・期末資本・当期純損益を計算しなさい。また，期末の貸借対照表を作成しなさい。

期首（令和○年 1 月 1 日）の資産と負債

　　現　金 ¥50,000　　商品 ¥60,000　　備品 ¥80,000　　借入金 ¥40,000

資産（¥50,000 ＋ ¥60,000 ＋ ¥80,000）－負債（¥40,000）で求める

期末（令和○年12月31日）の資産と負債

　　現　金 ¥40,000　　売掛金 ¥70,000　　商　品 ¥50,000　　備　品 ¥80,000
　　買掛金　50,000　　借入金　30,000

資産（¥40,000 ＋ ¥70,000 ＋ ¥50,000 ＋ ¥80,000）－負債（¥50,000 ＋ ¥30,000）で求める

期末資本（¥160,000）－期首資本（¥150,000）で求める

期 首 資 本 ①¥	期 末 資 本 ②¥	当期純③（　　　）④¥

期末資産と期末負債を記入する

貸 借 対 照 表

札幌商店　　　　　　　　令和○年12月31日　　　　　　　（単位：円）

資　　　産	金　　　額	負債・純資産	金　　　額
現　　　金	⑤（　　　　）	⑧（　　　　）	⑨（　　　　）
⑥（　　　　）	⑦（　　　　）	借　入　金	30,000
商　　　品	50,000	資　本　金	⑩（　　　　）
備　　　品	80,000	⑪（　　　　）	10,000
	240,000		240,000

期末資本（¥160,000）は期首資本（¥150,000）と当期純利益（¥10,000）に分けて表示する

---

3 3　次の空欄のなかに，あてはまる金額を計算しなさい。

	期　　　首			期　　　末			当期純利益	当期純損失
	資　産	負　債	資　本	資　産	負　債	資　本		
(1)	150,000	70,000		180,000	80,000			
(2)	190,000			210,000	60,000		10,000	
(3)	200,000	40,000			70,000		30,000	
(4)	230,000	120,000		220,000	130,000			

3 4 仙台商店の期首(令和○年1月1日)の資産と負債，および期末(令和○年12月31日)の資産と負債は次のとおりであった。よって，期首と期末の貸借対照表を作成しなさい。

期首の資産・負債

現　金 ¥ 700,000　　売掛金 ¥1,400,000　　商　品 ¥ 200,000

貸付金　　200,000　　買掛金　　500,000

期末の資産・負債

現　金 ¥ 600,000　　売掛金 ¥1,500,000　　商　品 ¥ 100,000

建　物　1,000,000　　備　品　　800,000　　土　地　2,000,000

買掛金　　900,000　　借入金　2,800,000

貸　借　対　照　表

(　　　　　)商店　　　　　令和○年(　　)月(　　)日　　　　　(単位：円)

資　　　産	金　　額	負債・純資産	金　　額

貸　借　対　照　表

(　　　　　)商店　　　　　令和○年(　　)月(　　)日　　　　　(単位：円)

資　　　産	金　　額	負債・純資産	金　　額

3 5 次の空欄のなかに，あてはまる金額を計算しなさい。

	期首資産	期首負債	期首資本	期末資産	期末負債	期末資本	当期純利益	当期純損失
(1)	755,000	305,000		960,000	310,000			
(2)	960,000		710,000		220,000	900,000		
(3)	580,000			460,000	290,000		90,000	
(4)		240,000		890,000		540,000		160,000
(5)	695,000	295,000		850,000		280,000		

損益法による純損益計算と損益計算書 　全商3　日商　全経

　一会計期間に生じた収益総額から費用総額を差し引いて，当期純損益を計算する方法を**損益法**といい，次の等式で示すことができる。

収益総額 － 費用総額 ＝ 当期純利益（マイナスのときは，当期純損失）

　企業の一会計期間における経営成績を明らかにするために，収益・費用・当期純損益を記入した表を**損益計算書**といい，次の損益計算書等式で示すことができる。

費用総額 ＋ 当期純利益 ＝ 収益総額（費用総額＝収益総額＋当期純損失）

例題3　札幌商店の令和○年1月1日から令和○年12月31日までにおける次の収益と費用によって，損益計算書を作成しなさい。

売 上 高	¥100,000	受取手数料	¥20,000	売上原価	¥50,000
給 料	20,000	支払家賃	30,000	雑 費	10,000

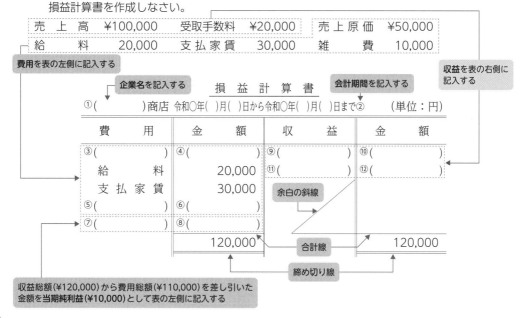

費用を表の左側に記入する

企業名を記入する

会計期間を記入する

収益を表の右側に記入する

余白の斜線

合計線

締め切り線

収益総額（¥120,000）から費用総額（¥110,000）を差し引いた金額を当期純利益（¥10,000）として表の左側に記入する

---

3 6 東北商店の令和○年1月1日から令和○年12月31日までの収益と費用は次のとおりであった。よって，損益計算書を作成しなさい。

売 上 高	¥190,000	受取手数料	¥ 30,000	売上原価	¥110,000
給 料	30,000	広 告 料	20,000	支払家賃	30,000
雑 費	10,000				

損 益 計 算 書

（　　　　　）商店　　　令和○年（　）月（　）日から令和○年（　）月（　）日まで　　　　（単位：円）

費 用	金 額	収 益	金 額
（　　　　　　　　　）	（　　　　　　　）	（　　　　　　　　　）	（　　　　　　　）
（　　　　　　　　　）	（　　　　　　　）	（　　　　　　　　　）	（　　　　　　　）
（　　　　　　　　　）	（　　　　　　　）		
（　　　　　　　　　）	（　　　　　　　）		
（　　　　　　　　　）	（　　　　　　　）		
当 期 純 利 益	（　　　　　　　）		
	（　　　　　　　）		（　　　　　　　）

3 7 関東商店の令和○年1月1日から令和○年12月31日までの収益と費用は次のとおりであった。よって，損益計算書を作成しなさい。

売 上 高	¥150,000	受取手数料	¥ 30,000	受取利息	¥ 10,000
売上原価	90,000	給 料	30,000	広告料	10,000
支払家賃	20,000	雑 費	10,000		

損 益 計 算 書

(　　　　)商店　　令和○年( )月( )日から令和○年( )月( )日まで　　　　(単位：円)

費 用	金 額	収 益	金 額

3 8 次の空欄のなかに，あてはまる金額を計算しなさい。

	収 益 総 額	費 用 総 額	当期純利益	当期純損失
(1)	500,000	300,000		
(2)	800,000		300,000	
(3)		800,000		100,000

貸借対照表と損益計算書の関係 　全商3　日商　全経

　財産法によって計算した当期純損益(期末資本−期首資本)と損益法によって計算した当期純損益(収益−費用)は必ず同じ金額になる。したがって，期首資本に損益計算書に表示された当期純利益を加算(当期純損失の場合は減算)すると期末資本になる。

例題4　次の空欄にあてはまる金額を計算しなさい。

	期 首			期 末			収 益	費 用	当 期 純利益
	資 産	負 債	資 本	資 産	負 債	資 本			
	10,000	4,000	①	④	5,000	③	8,000	6,000	②

3 9 次の空欄のなかに，あてはまる金額を計算しなさい。

| | 期首資本 | 期　　末 | | | 収益総額 | 費用総額 | 当期純利益 | 当期純損失 |
		資　産	負　債	資　本				
(1)	700,000	1,580,000				650,000	240,000	
(2)			400,000	540,000	680,000			90,000
(3)	750,000		350,000	870,000	875,000			

3 10 福島商店の期末(令和○年12月31日)の資産と負債，および期間中(令和○年 1 月 1 日から
令和○年12月31日まで)の収益と費用によって，次の問いに答えなさい。

(1) 収益総額・費用総額・当期純損益・期末資産総額・期末負債総額・期末資本・期首資本の金額
を計算しなさい。

(2) 貸借対照表と損益計算書を作成しなさい。

期末の資産と負債

| 現　　　　　金 ¥ 374,000 | 売　掛　金 ¥ 682,000 | 商　　　　　品 ¥ 563,000 |
| 備　　　　　品　　 300,000 | 買　掛　金　　 519,000 | 借　入　金　　 200,000 |

期間中の収益と費用

売　上　高 ¥2,340,000	受取手数料 ¥ 134,000	売 上 原 価 ¥1,170,000
給　　　　　料　　 750,000	広　告　料　　 138,000	支 払 家 賃　　 180,000
雑　　　　　費　　 20,000	支 払 利 息　　 16,000	

(1)

収 益 総 額 ¥	費 用 総 額 ¥	当期純(　　) ¥
期末資産総額 ¥	期末負債総額 ¥	期 末 資 本 ¥
期 首 資 本 ¥	注 (　　)には利益か損失を記入すること。	

(2)

貸 借 対 照 表

(　　　　)商店　　　　令和○年(　　)月(　　)日　　　　(単位：円)

資　　　　　産	金　　額	負債・純資産	金　　額

損 益 計 算 書

(　　　　)商店　　　令和○年(　)月(　)日から令和○年(　)月(　)日まで　　　(単位：円)

費　　　　　用	金　　額	収　　　益	金　　額

④ 取引と勘定

取引・勘定　全商3　日商　全経

取　引 … 資産・負債・資本の増減(収益・費用の発生)することがらを**取引**という。

勘　定 … 資産・負債・資本の増減や収益・費用の発生について，その内容を細かく区分して記録・
　　　　　計算するために設けられた単位を**勘定**といい，勘定につけられた名称を**勘定科目**という。

貸借対照表に関する勘定	資産の勘定	現金・売掛金・繰越商品(期末の商品の金額を記録する勘定)・貸付金・建物・備品・土地など
	負債の勘定	買掛金・借入金など
	資本の勘定	資本金など
損益計算書に関する勘定	収益の勘定	売上(売上高の金額を計算する勘定)・受取手数料・受取利息など
	費用の勘定	仕入(売上原価の金額を計算する勘定)・給料・広告料・通信費・支払家賃・消耗品費・雑費・支払利息など

例題1　次の勘定科目のうち資産の勘定にはA，負債の勘定にはB，資本の勘定にはC，収益の勘定に
　　　　　はD，費用の勘定にはEを，それぞれ（　）のなかに記入しなさい。

1. 現　　金（　）　　2. 売 掛 金（　）　　3. 建　　物（　）　　4. 売　　上（　）
5. 給　　料（　）　　6. 貸 付 金（　）　　7. 仕　　入（　）　　8. 消耗品費（　）
9. 買 掛 金（　）　　10. 資 本 金（　）　　11. 支払家賃（　）　　12. 受取手数料（　）
13. 広 告 料（　）　　14. 支払利息（　）　　15. 備　　品（　）　　16. 受取利息（　）
17. 借 入 金（　）　　18. 雑　　費（　）

勘定の記入と取引要素の結合関係　全商3　日商　全経

　勘定はT字の形をしていて，その左側を**借方**とよび，右側を**貸方**とよぶ。勘定記入は次の法則によって行う。

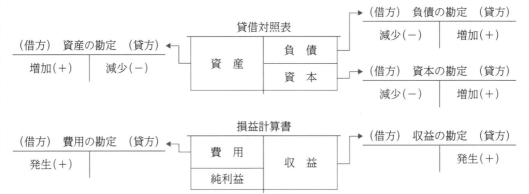

　取引を構成する要素を**取引要素**という。この関係は次のとおりである。

　すべての取引は左図のように，借方要素と貸方要素との組み合わせから成り立っている。一つの取引で借方が二つ以上，あるいは貸方が二つ以上の取引要素の結合もある。

例題2 次の取引から，下記の勘定口座の（　）内に必要な金額を記入しなさい。

4月1日　現金¥500,000を出資して開業した。

> 現金（資産）の増加と資本金（資本）の増加する取引
> 現金勘定の借方① 　資本金勘定の貸方⑩

5日　備品¥320,000を購入し，代金は現金で支払った。

> 備品（資産）の増加と現金（資産）の減少する取引
> 備品勘定の借方⑦ 　現金勘定の貸方③

10日　商品¥210,000を仕入れ，代金は掛けとした。

> 仕入（費用）の発生と買掛金（負債）の増加する取引
> 仕入勘定の借方⑫ 　買掛金勘定の貸方⑨

商品は販売されて，売上原価という費用になるので，購入時にいったん仕入勘定（費用）で処理し，販売されなかった分は期末に修正する

15日　商品¥300,000を売り渡し，代金のうち¥100,000は現金で受け取り，残額は掛けとした。

> 売上（収益）の発生と現金（資産）の増加・売掛金（資産）の増加する取引
> 売上勘定の貸方⑪ 　現金勘定の借方② 　売掛金勘定の借方⑥

20日　買掛金¥150,000を現金で支払った。

> 買掛金（負債）の減少と現金（資産）の減少する取引
> 買掛金勘定の借方⑧ 　現金勘定の貸方④

25日　店舗の家賃¥30,000を現金で支払った。

> 支払家賃（費用）の発生と現金（資産）の減少する取引
> 支払家賃勘定の借方⑬ 　現金勘定の貸方⑤

	現　　　金		
4/1 ①（　　　）	4/5 ③（　　　）		
15 ②（　　　）	20 ④（　　　）		
	25 ⑤（　　　）		

	売　掛　金
4/15 ⑥（　　　）	

	備　　　品
4/5 ⑦（　　　）	

	買　掛　金	
4/20 ⑧（　　　）	4/10 ⑨（　　　）	

	資　本　金
	4/1 ⑩（　　　）

	売　　　上
	4/15 ⑪（　　　）

	仕　　　入
4/10 ⑫（　　　）	

	支　払　家　賃
4/25 ⑬（　　　）	

4 1 次の取引を取引要素の結合関係を考えて分解し，例にならって記入しなさい。

4月1日　現金¥900,000を出資して開業した。（例）

10日　商品¥600,000を仕入れ，代金は掛けとした。

15日　商品¥500,000を売り渡し，代金のうち¥200,000は現金で受け取り，残額は掛けとした。

20日　買掛金¥300,000を現金で支払った。

25日　広告料¥50,000を現金で支払った。

	借　方　要　素		貸　方　要　素	
4/1	現　　金（資　産）の増加	900,000	資　本　金（資　本）の増加	900,000
10	（費　用）の発生	600,000	（負　債）の増加	600,000
15	（資　産）の増加 　　　　（資　産）の増加	200,000 300,000	（収　益）の発生	500,000
20	（負　債）の減少	300,000	（資　産）の減少	300,000
25	（費　用）の発生	50,000	（資　産）の減少	50,000

4 2 次の取引を取引要素の結合関係を考えて分解し，前問 **4 1** の例にならって記入しなさい。

4月1日　現金¥500,000を出資して開業した。

4日　商品¥270,000を仕入れ，代金は掛けとした。

9日　商品¥180,000を売り渡し，代金は掛けとした。

11日　備品¥320,000を購入し，代金は現金で支払った。

16日　商品売買の仲介を行い，仲介手数料として現金¥60,000を受け取った。

19日　銀行から¥400,000を借り入れ，利息¥28,000を差し引かれて，残額を現金で受け取った。

26日　買掛金¥150,000を現金で支払った。

30日　店舗の家賃¥30,000を現金で支払った。

	借　方　要　素		貸　方　要　素	
4/1	（　　　）の	500,000	（　　　）の	500,000
4	（　　　）の	270,000	（　　　）の	270,000
9	（　　　）の	180,000	（　　　）の	180,000
11	（　　　）の	320,000	（　　　）の	320,000
16	（　　　）の	60,000	（　　　）の	60,000
19	（　　　）の	372,000	（　　　）の	400,000
	（　　　）の	28,000		
26	（　　　）の	150,000	（　　　）の	150,000
30	（　　　）の	30,000	（　　　）の	30,000

4 3 前問 **4 2** の取引の分解にもとづいて，勘定口座に記入しなさい。ただし，勘定口座には日付と金額を記入すること。

現　　　金

売　掛　金

備　　　品

買　掛　金

借　入　金

資　本　金

売　　　上

受　取　手　数　料

仕　　　入

支　払　家　賃

支　払　利　息

5 仕訳と転記

仕訳・転記　全商3　日商　全経

取引を分解し，どの科目の，借方・貸方のどちら側に，いくらの金額を記入するかを決定することを**仕訳**といい，仕訳した取引を勘定口座に記入することを**転記**という。

例題1 次の取引を仕訳して，勘定口座に転記しなさい。ただし，勘定口座には日付と金額を記入する。

5月1日　商品¥50,000を仕入れ，代金は掛けとした。

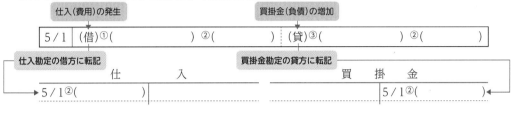

5 1 次の取引の仕訳を示し，各勘定口座に転記しなさい。ただし，勘定口座には日付と金額を記入する。

1月1日　現金¥500,000を出資して開業した。

　　5日　銀行から現金¥100,000を借り入れた。

　　8日　商品¥200,000を仕入れ，代金は掛けとした。

　13日　商品¥290,000を売り渡し，代金のうち¥90,000は現金で受け取り，残額は掛けとした。

　24日　本月分の給料¥80,000を現金で支払った。

　25日　買掛金のうち¥150,000を現金で支払った。

	借　　　　方	貸　　　　方
1/1		
5		
8		
13		
24		
25		

現　　　金　　　1	売　　掛　　金　　　2

	買　　掛　　金　　　3

借　　入　　金　　　4	資　　本　　金　　　5

売　　　上　　　6	仕　　　入　　　7

給　　　料　　　8	

全商
日商
全経

例題2 次の仕訳を勘定口座に転記しなさい。ただし，勘定口座には日付・相手科目・金額を記入する。

5／1（借）現　　　　金　20,000　（貸）売　　　　上　50,000
　　　　　　売　掛　金　30,000

> i 現金勘定と売掛金勘定の借方に転記
> ii 相手科目は貸方科目の「売上」と記入

> i 売上勘定の貸方に転記
> ii 相手科目は借方科目が現金と売掛金の複数なので「諸口」と記入

現　　　　金	1	売　　　　上	6
→ 5／1 ①（　　　）20,000		5／1 ③（　　　）50,000 ◄	

売　掛　金	2
→ 5／1 ②（　　　）30,000	

5 2 次の取引の仕訳を示し，各勘定口座に転記しなさい。ただし，勘定口座には日付・相手科目・金額を記入すること。

7月 1日　現金￥600,000を出資して開業した。
　　 2日　商品￥300,000を仕入れ，代金のうち￥100,000は現金で支払い，残額は掛けとした。
　　 8日　備品￥280,000を購入し，代金は現金で支払った。
　　11日　商品￥260,000を売り渡し，代金のうち￥80,000は現金で受け取り，残額は掛けとした。
　　17日　商品売買の仲介を行い，その手数料￥50,000を現金で受け取った。
　　25日　売掛金の一部￥140,000を現金で回収した。

	借　　　　方	貸　　　　方
7／1		
2		
8		
11		
17		
25		

現　　　　金　　　1	売　掛　金　　　2
	備　　　品　　　3
買　掛　金　　　4	資　本　金　　　5
売　　　上　　　6	受　取　手　数　料　7
仕　　　入　　　8	

6 現　金

現金と現金出納帳　全商3　日商　全経

　簿記上，現金として扱われるものには，通貨・他人振り出しの小切手・送金小切手・配当金領収証などがある。現金として扱われるものを受け取ったときには**現金勘定（資産）**の借方に記入し，これを支払ったときには貸方に記入する。

　現金の受け入れと払い出しについての明細を記録する帳簿を**現金出納帳**という。現金出納帳のように補助的な明細記録を行う帳簿を**補助簿**といい，すべての取引を記帳する仕訳帳と総勘定元帳を**主要簿**という。

例題1　次の取引の仕訳を示し，現金出納帳を完成しなさい。

　　5月6日　文京商店に対する売掛金￥40,000を，同店振り出しの小切手で受け取った。
　　　　25日　荒川家具店から事務用机￥20,000を買い入れ，代金は現金で支払った。

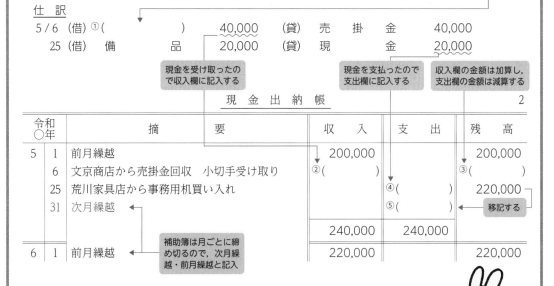

> 他人振り出しの小切手なので，現金となる

仕　訳

5／6	（借）①（　　　　　）	40,000	（貸）売　掛　金	40,000		
25	（借）備　　品	20,000	（貸）現　　金	20,000		

> 現金を受け取ったので収入欄に記入する
> 現金を支払ったので支出欄に記入する
> 収入欄の金額は加算，支出欄の金額は減算する

現　金　出　納　帳　　　　2

令和○年		摘　　要	収　入	支　出	残　高
5	1	前月繰越	200,000		200,000
	6	文京商店から売掛金回収　小切手受け取り	②（　　　）		③（　　　）
	25	荒川家具店から事務用机買い入れ		④（　　　）	220,000
	31	次月繰越		⑤（　　　）	
			240,000	240,000	
6	1	前月繰越	220,000		220,000

> 移記する
> 補助簿は月ごとに締め切るので，次月繰越・前月繰越と記入

---

6 1　次の取引の仕訳を示しなさい。

1月28日　太田商店から売掛金￥30,000を同店振り出しの小切手で受け取った。
　　30日　谷中商店から商品売買の仲介手数料￥15,000を送金小切手で受け取った。
　　31日　根津商店から商品￥130,000を仕入れ，代金のうち￥100,000は現金で支払い，残額は掛けとした。

	借　　方	貸　　方
1／28		
30		
31		

6 2 **6 1** の取引を現金出納帳に記入して締め切りなさい。なお，開始記入も示すこと。

現　金　出　納　帳 2

令和○年		摘　　　　要	収　　入	支　　出	残　　高
		前ページから	1,250,000	925,000	325,000
1	28	太田商店から売掛金回収，小切手受け取り			
	30	谷中商店から仲介手数料，送金小切手受け取り			
	31	根津商店から仕入れ，一部現金で支払い			

現金過不足　　全商2　日商　全経

現金の実際有高が帳簿残高と一致しないときは，その不足額または過剰額を一時的に現金過不足勘定で処理し，原因を調査する。原因が判明した場合は，該当する勘定に振り替え，決算日までに原因が判明しない場合は，不足額は**雑損勘定（費用）**に，過剰額は**雑益勘定（収益）**に振り替える。

例題 2 次の連続する取引の仕訳を示しなさい。

(1) 現金の実際有高を調べたところ，帳簿残高より¥3,000少なかったので，帳簿残高を修正して，その原因を調査することにした。

借方に**現金過不足**を記入する　　　　実際有高が不足しているので，**現金**を貸方に記入して，帳簿残高を減らし実際有高に一致させる

（借）② (　　　　　　　) 3,000 （貸）① (　　　　　　　) 3,000

(2) 調査の結果，不足額のうち¥2,000は通信費の記入もれであることがわかった。

該当する勘定の**通信費**を記入する　　　　原因が判明したので，判明した額だけ，現金過不足勘定の借方残高②を減らす

（借）④ (　　　　　　　) 2,000 （貸）③ (　　　　　　　) 2,000

(3) 決算になっても，残りの不足額¥1,000については原因がわからないので適切な勘定に振り替えた。

原因不明の不足額なので**雑損**を記入する

（借）⑤ (　　　　　　　) 1,000 （貸）　現 金 過 不 足　1,000

ok

全商

日商

全経

6 3 次の連続する取引の仕訳を示しなさい。

(1) 現金の実際有高を調べたところ，帳簿残高より¥4,000多かったので，帳簿残高を修正して，その原因を調査することにした。

(2) 調査の結果，過剰額のうち¥3,000は利息の記入もれであることがわかった。

(3) 決算になっても，残りの過剰額¥1,000については原因がわからないので適切な勘定に振り替えた。

	借　　　　方	貸　　　　方
(1)		
(2)		
(3)		

6 4 次の取引の仕訳を示しなさい。

(1) 現金の実際有高を調べたところ，実際有高が帳簿残高より¥9,000少なかったので，帳簿残高を修正して，その原因を調査することにした。

(2) 現金の実際有高を調べたところ¥125,000であり，帳簿残高¥129,000と不一致であった。よって，帳簿残高を修正してその原因を調査することにした。

(3) 現金の実際有高が帳簿残高より¥4,500多かったので，帳簿残高を修正してその原因を調査していたが，本日，受取利息の記入もれであることがわかった。

(4) 現金を調べたところ，現金のあるべき残高は¥10,000であるのに対して，実際にある残高は¥15,000であることが判明した。

(5) 月末に現金の実査を行ったところ，現金の実際有高が帳簿残高より¥12,000過剰であることが判明したため，帳簿残高を実際有高に一致させる処理を行うとともに，引き続き原因を調査することにした。なお，当社では，現金過不足の雑益または雑損勘定への振り替えは決算時に行うことにしている。

(6) 現金の実際有高が帳簿残高より¥32,000不足していたので，現金過不足勘定で処理していたが，原因を調査したところ，発送運賃の支払額¥18,000，旅費交通費の支払額¥15,000および手数料の受取額¥9,000が記入もれであった。なお，残額は原因不明のため雑損として処理することにした。

	借　　　　方	貸　　　　方
(1)		
(2)		
(3)		
(4)		
(5)		
(6)		

7 当座預金

当座預金

銀行と当座取引契約によって預ける無利息の預金を当座預金といい，この預金の引き出しには一般に小切手を用いる。銀行の当座預金口座に現金や他人振り出しの小切手などを預け入れたときには**当座預金勘定（資産）**の借方に記入し，小切手を振り出したときには貸方に記入する。

例題1 次の連続する取引の仕訳を示しなさい。

6月1日　新日本銀行と当座取引契約を結び，現金¥200,000を当座預金に預け入れた。

（借）①(　　　　　　　)　　200,000　　（貸）現　　　金　　200,000

5日　愛知商店に対する買掛金¥100,000の支払いとして，小切手を振り出して支払った。

> 小切手を振り出したので，貸方に当座預金を記入する

（借）買　掛　金　　100,000　　（貸）②(　　　　　　　)　　100,000

12日　岐阜商店に対する売掛金のうち¥130,000を同店振り出しの小切手で受け取り，ただちに当座預金に預け入れた。

> 他人振り出しの小切手は「現金」の増加として処理するが，ただちに当座預金に預け入れたので，借方に当座預金と記入して，当座預金の増加として処理する

（借）③(　　　　　　　)　　130,000　　（貸）売　掛　金　　130,000

複数口座の管理

二社以上の銀行に当座預金口座を開設しているときは，銀行ごとに当座預金を管理するために，「当座預金新日本銀行」のように銀行名を付した口座ごとの勘定を用いることがある。

例題2 次の取引の仕訳を示しなさい。なお，銀行名を付した口座ごとの勘定を用いること。

(1) 現金¥300,000を新東海銀行の当座預金口座に預け入れた。

> 銀行名を付した勘定「当座預金新東海銀行」を記入する

（借）④(　　　　　　　)　　300,000　　（貸）現　　　金　　300,000

(2) 買掛金¥100,000の支払いとして，新日本銀行あての小切手を振り出して支払った。

（借）買　掛　金　　100,000　　（貸）⑤(　　　　　　　)　　100,000

---

7 1 次の取引の仕訳を示しなさい。

(1) 事務用の机といす¥80,000を購入し，代金は小切手を振り出して支払った。

(2) 三浦商店に対する売掛金のうち¥200,000を同店振り出しの小切手で受け取り，ただちに当座預金に預け入れた。

(3) 大船商店に対する買掛金¥100,000の支払いとして，新神奈川銀行あての小切手を振り出して支払った。なお，銀行名を付した口座ごとの勘定を用いること。

	借　　　　方	貸　　　　方
(1)		
(2)		
(3)		

当座借越 全商2 日商 全経

　当座預金の残高をこえて小切手を振り出すことはできないが，あらかじめ当座借越契約を結んでおけば，その借越限度額までの小切手については銀行も支払いに応じてくれる。この預金残高をこえた額を**当座借越**といい，銀行からの一時的な借り入れを意味している。

　当座借越については，当座預金勘定のみで記帳する方法と，**当座借越勘定（負債）**を用いて記帳する方法とがある。

例題3 次の連続する取引の仕訳を示しなさい。ただし，当座預金勘定のみで記帳すること。

　6月22日　福井商店に対する買掛金¥300,000を小切手#2を振り出して支払った。ただし，当座預金勘定の残高は¥230,000であり，限度額¥500,000の当座借越契約が結んである。

　　　（借）　買　　掛　　金　　300,000　　（貸）　当　座　預　金　①（　　　　　　）

> 当座預金勘定を用い，振り出した小切手の金額を記入する
> 記入後の当座預金勘定は貸方残高¥70,000となり当座借越（負債）を意味する

　　　25日　奈良商店から商品売買の仲介手数料¥90,000を現金で受け取り，ただちに当座預金に預け入れた。

　　　（借）②（　　　　　　）③（　　　　　　）　（貸）　受　取　手　数　料　　　90,000

> 当座預金勘定を用い，当座預金に預け入れた金額を記入する
> 記入後の当座預金勘定は借方残高¥20,000となり当座預金（資産）を意味する

> 当座預金は残高まで記入する

例題4 上記の取引の仕訳を当座借越勘定を用いて記帳する方法で示しなさい。

　　6/22（借）　買　　掛　　金　　300,000　　（貸）　当　座　預　金　④（　　　　　　）

> 当座預金の残高をこえた金額は当座借越と記入する

　　　　　　　　　　　　　　　　　　　　　⑤（　　　　　　）⑥（　　　　　　）

> まず，当座借越勘定の残高を減らす

　　25（借）⑦（　　　　　　）⑧（　　　　　　）　（貸）　受　取　手　数　料　　　90,000
　　　　　　⑨（　　　　　　）　　20,000

> 当座借越の残高をこえた金額は当座預金と記入する

---

7 2　次の取引の仕訳を示しなさい。ただし，限度額¥500,000の当座借越契約を結んでいるものとする。

(1) 秋田商店から商品¥280,000を仕入れ，代金は小切手を振り出して支払った。ただし，当座預金勘定の残高は¥190,000であり，当座借越勘定を用いて記帳すること。

(2) 福島商店に対する売掛金のうち¥170,000を同店振り出しの小切手で受け取り，ただちに当座預金に預け入れた。ただし，当座借越勘定の残高が¥60,000ある。

(3) 山形商店に対する買掛金¥380,000を小切手を振り出して支払った。だたし，当座預金勘定の残高は¥210,000であり，当座預金勘定だけで記帳すること。

	借　　　　　方	貸　　　　　方
(1)		
(2)		
(3)		

当座預金出納帳 [全商3] [日商] [全経]

当座預金の預け入れと引き出しについての明細を記録する補助簿を**当座預金出納帳**という。

例題5 例題3の6/22と6/25の取引を次の当座預金出納帳に記入し，完成しなさい。

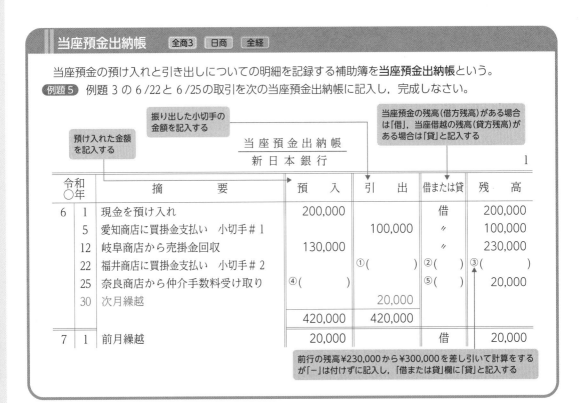

振り出した小切手の金額を記入する

預け入れた金額を記入する

当座預金の残高（借方残高）がある場合は「借」，当座借越の残高（貸方残高）がある場合は「貸」と記入する

当 座 預 金 出 納 帳
新 日 本 銀 行　　　　　　　　　　1

令和○年		摘　　要	預　入	引　出	借または貸	残　高
6	1	現金を預け入れ	200,000		借	200,000
	5	愛知商店に買掛金支払い　小切手#1		100,000	〃	100,000
	12	岐阜商店から売掛金回収	130,000		〃	230,000
	22	福井商店に買掛金支払い　小切手#2	①(　　　)		②(　　)	③(　　　)
	25	奈良商店から仲介手数料受け取り	④(　　　)		⑤(　　)	20,000
	30	次月繰越		20,000		
			420,000	420,000		
7	1	前月繰越	20,000		借	20,000

前行の残高¥230,000から¥300,000を差し引いて計算をするが「-」は付けずに記入し，「借または貸」欄に「貸」と記入する

7　3 新潟商店の次の取引の仕訳を示し，当座預金出納帳に記入して締め切りなさい。ただし，新潟商店は限度額¥500,000の当座借越契約を結んでいる。なお，当座取引は当座預金勘定だけで記帳すること。

7月21日　富山商店に対する買掛金¥140,000の支払いとして，小切手#8を振り出して支払った。

25日　福井商店から商品¥120,000を仕入れ，代金は小切手#9を振り出して支払った。

31日　群馬商店に対する売掛金¥280,000の回収として，同店振り出しの小切手#11で受け取り，ただちに当座預金に預け入れた。

	借　　方	貸　　方
7/21		
25		
31		

当 座 預 金 出 納 帳
　　　　　　　　　　2

令和○年		摘　　要	預　入	引　出	借または貸	残　高
		前ページから	950,000	780,000	借	170,000

7 4 次の取引の仕訳を示しなさい。

(1) 千葉商店から売掛金¥530,000を同店振り出しの小切手で受け取り，ただちに当座預金に預け入れた。ただし，当座借越勘定の残高が¥320,000ある。

(2) 東北家具店から，事務用の机¥420,000を購入し，代金は小切手を振り出して支払った。なお，当座預金勘定は借方残高¥340,000である。ただし，取引銀行との間に借越限度¥500,000の当座借越契約を結んである。また，当座借越勘定を用いること。

(3) 上記(2)の取引を当座預金勘定のみで記帳する方法で答えなさい。

(4) 東西銀行と北南信用金庫に当座預金口座を開設し，それぞれの当座預金口座に現金¥300,000を預け入れた。ただし，銀行ごとの口座を管理するために口座ごとに勘定を設定することにした。

(5) 決算にあたり，東西銀行の当座預金口座が貸方残高¥90,000となっているので，借入金勘定に振り替えた。ただし，当社は他の銀行にも当座預金を開設しているため，口座ごとの勘定を設定している。

	借　　　方	貸　　　方
(1)		
(2)		
(3)		
(4)		
(5)		

その他の預貯金　 全商3 　 日商 　 全経

　普通預金・定期預金・通知預金などの預金は，それぞれの勘定口座を設けて記帳する。また，二社以上の銀行に口座を開設しているときは，銀行ごとに管理をするために，銀行名を付した口座ごとの勘定を用いることがある(p.18参照)。

例題 6 次の取引の仕訳を示しなさい。

(1) 現金¥370,000を東京銀行に定期預金として預け入れた。

(借) ①(　　　　　　　　) 370,000　　(貸) 現　　　　金　370,000

(2) 新埼玉銀行の普通預金のうち¥200,000を新栃木銀行の普通預金口座に振り込んだ。なお，銀行名を付した勘定を用いること。

普通預金新埼玉銀行を記入する

(借) 普通預金新栃木銀行　200,000　　(貸) ②(　　　　　　　) 200,000

---

7 5 次の取引の仕訳を示しなさい。

東西銀行に普通預金として現金¥500,000を預け入れた。

借　　　方	貸　　　方

8 小口現金

全商　日商　全経

小口現金　全商3　日商　全経

　日常の少額の支払いについて，会計係があらかじめ庶務係などに一定額を前渡ししておき，そこから支払いにあてる方法がある。これを**定額資金前渡法（インプレスト・システム）**といい，**小口現金勘定（資産）**を用いて記帳する。

例題1 次の連続する取引の仕訳を示しなさい。

(1) 定額資金前渡法を採用している栃木商店の会計係は，月の初めに小口現金として小切手￥30,000を振り出して庶務係に前渡しした。━━ 庶務係に前渡ししたので勘定科目は**小口現金**とする

(借) ①(　　　　　　)　30,000　　(貸) 当 座 預 金　　30,000

(2) 会計係は，月末に庶務係から支払いの明細について次のとおり報告を受けた。

　　交通費 ￥7,000　　通信費 ￥8,000　　雑 費 ￥2,000

支出明細を記入する

これらの費用は小口現金から支出している

(借) 交　通　費　　　7,000　　(貸) ④(　　　　　　)　17,000
　　②(　　　　　)　　　8,000
　　③(　　　　　)　　　2,000

(3) 会計係は，報告を受けた金額と同額の￥17,000を小切手を振り出して補給した。

支払報告を受けた額を小口現金に補給する

(借) ⑤(　　　　　　)　17,000　　(貸) 当 座 預 金　　17,000

---

8 1 次の連続する取引の仕訳を示しなさい。

(1) 定額資金前渡法を採用している前橋商店の会計係は，小口現金として小切手￥50,000を振り出して庶務係に渡した。

(2) 庶務係から本月分の支払いについて，次のような報告があった。

　　交 通 費 ￥20,000　　通 信 費 ￥10,000　　消耗品費 ￥8,000

(3) 会計係は，上記(2)の支出額について，同額を小切手を振り出して補給した。

	借　　　方	貸　　　方
(1)		
(2)		
(3)		

8 2 前問 8 1 の取引において，(2)の報告と同時に(3)の補給を行った場合，(2)と(3)の仕訳を一つにまとめることができる。その仕訳を示しなさい。

借　　　方	貸　　　方

小口現金出納帳 　全商3　日商　全経

庶務係などが小口現金の受け払いについての明細を記録する補助簿を**小口現金出納帳**という。

例題2 次の小口現金出納帳を完成しなさい。

会計係からの前渡額

小 口 現 金 出 納 帳

受　入	令和〇年		摘　要	支　払	内　訳			残　高
					交通費	通信費	雑　費	
30,000	7	1	小　切　手					30,000
		3	郵 便 切 手	2,000		2,000		28,000
		5	バス回数券	4,000	4,000			24,000
		28	新　聞　代	3,000			3,000	6,000
			合　　　計	24,000	9,000	10,000	5,000	
① (　　　　)		31	小　切　手					30,000
		〃	次 月 繰 越	② (　　　　)				
54,000				54,000				
30,000	8	1	前 月 繰 越					30,000

受入額は当月の**合計支払額**と一致する　　　次月繰越額は**前渡額**と一致する　　　小口現金からの支出の明細を記録する

8 3 庶務係が8月中に小口現金から支払った内容は，次のとおりである。これを小口現金出納帳に記入して完成させなさい。なお，31日に報告額と同額を会計係から，小切手#9で補給されている。

5日　バス回数券　¥2,000	8日　郵 便 切 手　¥3,000	13日　タクシー代　¥6,000
20日　ボールペン　¥5,000	25日　伝票・帳簿　¥4,000	28日　新　聞　代　¥3,000

小 口 現 金 出 納 帳

受　入	令和〇年		摘　要	支　払	内　訳				残　高
					通信費	消耗品費	交通費	雑　費	
25,000	8	1	前 月 繰 越						25,000
		5	バス回数券	(　　　)			(　　　)		(　　　)
		8	郵 便 切 手	(　　　)	(　　　)				(　　　)
		13	タクシー代	(　　　)			(　　　)		(　　　)
		20	ボールペン	(　　　)		(　　　)			(　　　)
		25	伝票・帳簿	(　　　)		(　　　)			(　　　)
		28	新　聞　代	(　　　)				(　　　)	(　　　)
			合　　　計	(　　　)	(　　　)	(　　　)	(　　　)	(　　　)	
(　　　)		31	小切手#9						25,000
		〃	次 月 繰 越	(　　　)					
(　　　)				(　　　)					

全商
日商
全経

8 4 小口現金係が 8 月中に小口現金から支払った内容は，次のとおりである。これを小口現金出納帳に記入して完成させなさい。なお，31 日に報告額と同額を会計係から，小切手#6 で補給されている。

　4 日　プリンターインク　¥6,000　　7 日　郵便はがき　¥2,000　　15 日　タクシー代　¥9,000
　21 日　バス回数券　¥4,000　　26 日　伝票・帳簿　¥5,000　　28 日　新 聞 代　¥3,000

小 口 現 金 出 納 帳

受　入	令和○年		摘　要	支　払	内　訳				残　高
					通信費	消耗品費	交通費	雑　費	
30,000	8	1	前月繰越						30,000

8 5 次の取引を小口現金出納帳に記入し，週末における締め切りと小切手振り出しによる資金の補給に関する記帳を行いなさい。なお，定額資金前渡法(インプレスト・システム)により，小口現金係は毎週月曜日に前週の支払いの報告をし，資金補給を受けている。

　8 月 3 日(月)　郵便切手代　¥1,600　　8 月 4 日(火)　文 房 具 代　¥3,900
　　　4 日(火)　タクシー代　¥2,180　　　　5 日(水)　郵便はがき代　¥2,500
　　　6 日(木)　コピー用紙代　¥2,400　　　　6 日(木)　接待用お茶代　¥4,700
　　　7 日(金)　電 車 代　¥1,840

小 口 現 金 出 納 帳

受　入	令和○年		摘　要	支　払	内　訳				残　高
					通信費	旅費交通費	消耗品費	雑　費	
1,400	8	3	前週繰越						1,400
18,600			本 日 補 給						20,000
			合　　計						
			次 週 繰 越						
	8	10	前 週 繰 越						
			本 日 補 給						

仕入れ 　全商3　日商　全経

1 3分法

　仕入勘定(費用)・売上勘定(収益)・繰越商品勘定(資産)の三つの勘定を用いて商品売買の記帳を行う方法を3分法という。

2 仕入勘定の記帳

　商品を仕入れたときは，仕入高(仕入原価)を仕入勘定(費用)の借方に記入する。

例題1 次の取引の仕訳を示しなさい。

(1) 横浜商店から商品¥30,000を仕入れ，代金は掛けとした。　商品を仕入れたので，勘定科目は仕入とする

(借) ①(　　　　　　　) 30,000 　(貸) 買　掛　金 30,000

(2) 埼玉商店から商品¥50,000を仕入れ，代金は掛けとした。なお，引取運賃¥3,000は現金で支払った。

(借) 仕　　　入 ②(　　　　　　) 　(貸) 買　掛　金 50,000
　　　　　　　　　　　　　　　　　　　　　　　　 現　　　金 3,000

仕入には引取運賃などの仕入諸掛を含めるので，¥50,000＋¥3,000となる

3 仕入返品

　仕入れた商品を返品したときは，仕入勘定(費用)の貸方に記入する。

例題2 次の取引の仕訳を示しなさい。

　埼玉商店から仕入れた商品のうち¥10,000を品違いのため返品した。なお，この代金は買掛金から差し引くことにした。　買掛金から差し引くので，買掛金が減少する　　仕入れた商品を返品したので，仕入が減少する

(借) ③(　　　　　　) 10,000 　(貸) ④(　　　　　　) 10,000

9 1 次の取引の仕訳を示しなさい。

(1) 大宮商店から商品¥200,000を仕入れ，代金は掛けとした。

(2) 大宮商店から仕入れた上記商品のうち¥10,000分に品違いがあったので，返品した。なお，この代金は買掛金から差し引くことにした。

(3) 栃木商店から商品¥300,000を仕入れ，代金は掛けとした。なお，引取運賃¥12,000は現金で支払った。

(4) 栃木商店から仕入れた上記商品について，¥15,000の返品をし，代金は買掛金から差し引くことにした。

	借　　　方	貸　　　方
(1)		
(2)		
(3)		
(4)		

仕入取引の明細を発生順に記帳する補助簿を**仕入帳**という。

例題3 次の取引を仕入帳に記入して，月末に締め切りなさい。

1月8日　東京商店から，次の商品を仕入れ，代金は小切手#3を振り出して支払った。

　　　　　　　A 品　　20個　@¥600　　¥12,000

　　13日　横浜商店から，次の商品を仕入れ，代金は掛けとした。

　　　　　　　B 品　　10個　@¥1,000　¥10,000
　　　　　　　C 品　　15 〃　 〃〃 400　¥ 6,000

　　16日　横浜商店から仕入れた上記商品について，次のとおり返品した。なお，この代金は買掛金から差し引くことにした。

　　　　　　　B 品　　2 個　@¥1,000　¥ 2,000

> 摘要欄には，どこから，なにを，いくつ，いくらで仕入れたかなどの明細を記入する

仕　入　帳

令和〇年		摘　　要		内　訳	金　額
1	8	①(　　　)	小切手#3		
		A品　20個	@¥600		12,000
	13	横 浜 商 店	掛 け		
		B品　10個	@¥1,000	10,000	
		②(　) ③( )〃	〃〃 400	6,000	16,000
	16	横 浜 商 店	掛け返品		
		B品　2 個	@¥1,000		2,000
	31		総 仕 入 高		④(　　)
	〃		仕入返品高		⑤(　　)
			純 仕 入 高		26,000

> 商品が2種類以上あるとき，または仕入諸掛があるときは内訳欄に記入する

> 返品は赤で記入する

> ④ 仕入勘定の借方合計（黒字）

> ⑤ 仕入勘定の貸方合計（赤字）

9 2 次の取引を仕入帳に記入して，月末に締め切りなさい。

7月10日　群馬商店から，次の商品を仕入れ，代金は掛けとした。

　　　　　　　A 品　　200個　@¥500　　¥100,000

　　19日　栃木商店から，次の商品を仕入れ，代金は掛けとした。なお，引取運賃¥3,000は現金で支払った。

　　　　　　　B 品　　300個　@¥400　　¥120,000

　　23日　栃木商店から仕入れた上記商品のうち50個に品違いがあったので返品した。なお，この代金は買掛金から差し引くことにした。

仕　入　帳　　7

令和〇年		摘　　要		内　訳	金　額
7	10	(　)商店	掛 け		
		(　) (　)個 @¥(　)			(　)
	19	(　)商店	(　)		
		B品　(　)個 @¥(　)		120,000	
		引取(　)現金払い		(　)	(　)
( )		(　)商店	掛け(　)		
		B品　50 個　　@¥400			(　)
	31		総 仕 入 高		(　)
	〃		(　)		(　)
			(　)仕入高		(　)

9 3 次の取引を仕訳し，仕入勘定に転記しなさい。また，仕入帳に記入し，締め切りなさい。

7月1日 埼玉商店から，次の商品を仕入れ，代金は掛けとした。

A 品	300個	@¥1,000	¥300,000
B 品	200〃	〃〃 800	¥160,000

3日 埼玉商店から仕入れた上記商品のうち，B品10個を品違いのため返品した。なお，この代金は買掛金から差し引くことにした。

15日 茨城商店から，次の商品を仕入れ，代金は掛けとした。なお，引取運賃¥9,000は現金で支払った。

A 品	400個	@¥1,000	¥400,000

28日 千葉商店から，次の商品を仕入れ，代金は小切手を振り出して支払った。

C 品	100個	@¥ 600	¥ 60,000

	借　　方	貸　　方
7/1		
3		
15		
28		

仕　　　　　入

仕　　入　　帳　　　　　　7

令和○年	摘　　　要	内　　訳	金　　額

売り上げ 全商3 日商 全経

1 売上勘定の記帳

商品を売り上げたときは，売上高（販売価額）を売上勘定（収益）の貸方に記入する。

例題4 次の取引の仕訳を示しなさい。

(1) 長野商店に商品¥7,000を売り渡し，代金は掛けとした。

> 商品を売り上げたので，勘定科目は売上とする

　　（借）売　掛　金　　　7,000　　（貸）①（　　　　　　　）　　7,000

(2) 群馬商店に商品¥30,000を売り渡し，代金は掛けとした。なお，発送費¥2,000は現金で支払った。

　　（借）売　掛　金　　　30,000　　（貸）売　　　　上　　30,000
　　　②（　　　　　　　）　　2,000　　　　現　　　　金　　　2,000

> 発送費を支払ったので，発送費（費用）が発生する

(3) 山梨商店に商品¥200,000を売り渡し，先方負担の送料¥1,000を含めて掛けとした。また，配送業者にこの商品を引き渡し，送料¥1,000は現金で支払った。

　　（借）売　掛　金　　201,000　　（貸）売　　　　上③（　　　　　　　）
　　　④（　　　　　　　）　　1,000　　　　現　　　　金　　　1,000

> 売り手が支払う送料は，売り手の発送費として処理する

> 先方負担の発送費も含めて，売上の金額とする

2 売上返品

売り上げた商品が返品されたときは，売上勘定（収益）の借方に記入する。

例題5 次の取引の仕訳を示しなさい。

長野商店に売り渡した商品のうち¥1,000が品違いのため返品された。なお，この代金は売掛金から差し引くことにした。

> 売り上げた商品が返品されたので，売上が減少する

　　（借）⑤（　　　　　　　）　　1,000　　（貸）売　掛　金　　1,000

---

9 4　次の取引の仕訳を示しなさい。

(1) 富山商店に商品¥400,000を売り渡し，代金は掛けとした。

(2) 富山商店に売り渡した上記商品について，¥20,000分に品違いがあったので，返品を受けた。なお，この代金は売掛金から差し引くことにした。

(3) 石川商店に商品¥800,000を売り渡し，代金は掛けとした。なお，発送費¥9,000は現金で支払った。

	借　　　方	貸　　　方
(1)		
(2)		
(3)		

売上帳　全商3　日商　全経

売上取引の明細を発生順に記帳する補助簿を**売上帳**という。

例題6　次の取引を売上帳に記入して，月末に締め切りなさい。

1月5日　長野商店に，次の商品を売り渡し，代金は掛けとした。

A 品	10個	@¥1,000	¥10,000
B 品	20 〃	〃〃 800	¥16,000

8日　長野商店に売り渡した上記商品について，次のとおり返品を受けた。なお，この代金は売掛金から差し引くことにした。

B 品	5個	@¥ 800	¥ 4,000

21日　山梨商店に次の商品を売り渡し，代金は掛けとした。なお，発送費¥2,000は現金で支払った。

A 品	15個	@¥1,000	¥15,000

摘要欄には，どこへ，なにを，いくつ，いくらで売り上げたかなどの明細を記入する

売　　上　　帳

令和○年		摘　　　要	内　訳	金　額
1	5	①(　　　　　) 　　　　　掛　け		
		A品　　10個　　@¥1,000	10,000	
		②(　　) ③(　)〃　　　〃〃 800	16,000	26,000
	8	長　野　商　店　　　掛け返品		
		B品　　5個　　　@¥800		4,000
	21	山　梨　商　店　　　　掛　け		
		A品　　15個　　　@¥1,000		15,000
	31	総　売　上　高		④(　　　　)
	〃	売上返品高		⑤(　　　　)
		純　売　上　高		37,000

商品が2種類以上あるときは内訳欄に記入する

返品は赤で記入する

発送費は売上帳には記入しない

④ 売上勘定の貸方合計(黒字)

⑤ 売上勘定の借方合計(赤字)

---

9 5　次の取引を売上帳に記入して，月末に締め切りなさい。

8月11日　福井商店に次の商品を売り渡し，代金は掛けとした。

A 品	200個	@¥400	¥ 80,000

12日　福井商店に売り渡した上記商品のうち，30個が色違いのため返品を受けた。なお，この代金は売掛金から差し引くことにした。

25日　愛知商店に次の商品を売り渡し，代金は掛けとした。なお，発送費¥7,000は現金で支払った。

A 品	300個	@¥400	¥120,000
B 品	100 〃	〃〃500	¥ 50,000

売　　上　　帳
8

令和○年		摘　　　　要	内　　訳	金　　額
8	11	(　　　　)商店　　　　　　掛　け		
		A品　　(　　　)個　　　@¥400		(　　　　　)
	12	(　　　　)商店　　　　掛け(　　　)		
		A品　　30 個　@¥(　　　)		(　　　　　)
	25	(　　　　)商店　　　　　　掛　け		
		A品　　300 個　　　@¥400	(　　　　　)	
		(　　) (　　　)〃　　〃〃500	50,000	(　　　　　)
	31	総　売　上　高		(　　　　　)
	〃	(　　　　)		(　　　　　)
		(　　)売　上　高		(　　　　　)

9 6 次の取引を仕訳し，売上勘定に転記しなさい。また，売上帳に記入し，締め切りなさい。

8月5日　新潟商店に次の商品を売り渡し，代金のうち¥50,000は同店振り出しの小切手で受け取り，ただちに当座預金に預け入れ，残額は掛けとした。

A　品	40個	@¥3,000	¥120,000

7日　新潟商店に売り渡した上記商品のうち，10個が品違いのため返品を受けた。なお，この代金は売掛金から差し引くことにした。

21日　岐阜商店に次の商品を売り渡し，代金は掛けとした。なお，発送費¥5,000は現金で支払った。

A　品	10個	@¥3,000	¥ 30,000
B　品	20〃	〃〃5,000	¥100,000

22日　岐阜商店に売り渡した上記商品について，次のとおり返品を受けた。なお，この代金は売掛金から差し引くことにした。

B　品	2個	@¥5,000	¥ 10,000

	借　　　方	貸　　　方
8/5		
7		
21		
22		

売　　　　　　上

売　　上　　帳　　　　　　　　　8

令和○年	摘　　　要	内　　訳	金　　額

売上原価対立法 　全経

　商品売買の記帳法の一つで，商品を仕入れたときは，仕入高（仕入原価）を**商品勘定（資産）**の借方に記入し，商品を売り上げたときは，売上高（販売価額）を**売上勘定（収益）**の貸方に記入するとともに売り上げた商品の仕入原価を商品勘定（資産）から**売上原価勘定（費用）**の借方に振り替える。

例題7 次の連続する取引の仕訳を示しなさい。ただし，商品売買の記帳は売上原価対立法によること。

(1) 神奈川商店から商品60個を@¥1,000で仕入れ，代金は掛けとした。

　　　　　　　　　　　　　　　商品を仕入れたので，勘定科目は**商品**とする

　　　（借）① (　　　　　　　) 60,000 　（貸）買　掛　金 60,000

(2) 神奈川商店から仕入れた上記商品のうち，10個を返品した。なお，この代金は買掛金から差し引くことにした。

　　　（借）買　掛　金 10,000 　（貸）商　　　　品 10,000

(3) 神奈川商店から仕入れた上記商品のうち，20個を東京商店に@¥1,500で売り渡し，代金¥30,000は掛けとした。

　　　　　　　　　　　　　　　　　　　　商品を売り上げたので，勘定科目は**売上**とする

　　　（借）売　掛　金 30,000 　（貸）② (　　　　　　　) 30,000
　　　　　③ (　　　　　　　) 20,000 　　　　商　　　　品 20,000

　　　売り上げた商品の仕入原価を**売上原価**に振り替える。20個×@¥1,000

(4) 東京商店に売り渡した上記商品のうち，2個が色違いのため返品された。なお，この代金は売掛金から差し引くことにした。

　　　（借）売　　　　上 3,000 　（貸）売　掛　金 3,000
　　　　　④ (　　　　　　　) 2,000 　　　⑤ (　　　　　　　) 2,000

　　　　　　　　　　　　　　　　　　　　返品されたので，売り上げたときと逆の仕訳を行う

9 7 次の連続する取引の仕訳を示しなさい。ただし，商品売買の記帳は売上原価対立法によること。

(1) 愛媛商店から商品100個を@¥2,000で仕入れ，代金は掛けとした。

(2) 愛媛商店から仕入れた上記(1)の商品のうち，10個を返品した。なお，この代金は買掛金から差し引くことにした。

(3) 愛媛商店から仕入れた上記(1)の商品のうち，50個を香川商店に@¥3,000で売り渡し，代金¥150,000は掛けとした。なお，発送費¥7,000は現金で支払った。

(4) 香川商店に売り渡した上記(3)の商品のうち，5個が色違いのため返品された。なお，この代金は売掛金から差し引くことにした。

	借　　　　　方	貸　　　　　方
(1)		
(2)		
(3)		
(4)		

先入先出法 [全商3] [日商] [全経]

1 商品有高帳

商品の種類ごとに口座を設けて，受け入れ，払い出し，残高の明細を記録する補助簿を**商品有高帳**という。

2 先入先出法による記帳

先に受け入れた商品から，先に払い出すものと考えて(仮定して)払出単価を決める方法を**先入先出法**という。

例題1 次のA品の取引を，先入先出法によって商品有高帳に記入し，完成しなさい。

8月12日　東京商店からA品 8 個を@¥100で仕入れ，代金¥800は現金で支払った。

23日　千葉商店にA品10個を@¥200で売り渡し，代金¥2,000は掛けとした。

商　品　有　高　帳

(先入先出法)　　　　　　　　　　　A　　品　　　　　　　　　　　単位：個

令和○年		摘　要	受　入			払　出			残　高		
			数量	単価	金額	数量	単価	金額	数量	単価	金額
8	1	前月繰越	6	110	660				6	( )①	660
	12	東京商店	8	100	800				{ 6	110	660
									8	( )②	800
	23	千葉商店				{④ 6	( )③	660			
						( )	100 ⑤	400	4	100	400
	31	次月繰越				4	( )	400			
			14		1,460	14		1,460			
9	1	前月繰越	4	100	400				4	100	400

移記する

先に受け入れた商品(前月繰越 6 個@¥110)から先に払い出し，残りの 4 個を12日の仕入れから払い出す。なお，払出欄の単価は仕入単価で記入する

仕入単価ごとに行を分けて残高を記載する

10-1 次のA品の取引を，先入先出法によって商品有高帳に記入し，締め切りなさい。なお，開始記入も示すこと。

8月18日　長野商店からA品 8 個を@¥65で仕入れ，代金¥520は掛けとした。

24日　富山商店にA品 6 個を@¥90で売り渡し，代金¥540は現金で受け取った。

商　品　有　高　帳

(先入先出法)　　　　　　　　　　　A　　品　　　　　　　　　　　単位：個

令和○年		摘　要	受　入			払　出			残　高		
			数量	単価	金額	数量	単価	金額	数量	単価	金額
8	1	前 月 繰 越	2	50	100				2	50	100
	7	静 岡 商 店	10	50	500				12	50	600
	11	愛 知 商 店				8	50	400	4	50	200
	18	( )商店	( )	( )	520				{ 4	( )	200
									8	( )	520
	24	( )商店				{ 4	( )	200			
						( )	( )	( )	6	( )	( )
	31	次 月 繰 越				6	( )	( )			
			( )		( )	( )		( )			
9	1	前 月 繰 越	( )	( )	( )				( )	( )	( )

10 2 次のＡ品の取引を，先入先出法によって商品有高帳に記入し，締め切りなさい。また，4月中のＡ品の売上原価および売上総利益を求めなさい。

4月3日　山梨商店からＡ品10個を＠¥60で仕入れ，代金¥600は現金で支払った。

10日　新潟商店にＡ品12個を＠¥100で売り渡し，代金¥1,200は掛けとした。

15日　石川商店からＡ品10個を＠¥55で仕入れ，代金¥550は掛けとした。

20日　福井商店にＡ品13個を＠¥100で売り渡し，代金¥1,300は掛けとした。

商 品 有 高 帳

(先入先出法)　　　　　　　　　　　　　　　　Ａ　品　　　　　　　　　　　　　　単位：個

令和○年		摘　要	受　入			払　出			残　高		
			数量	単価	金額	数量	単価	金額	数量	単価	金額
4	1	前 月 繰 越	8	50	400				8	50	400

4月中の売上原価　¥＿＿＿＿＿＿＿＿　　　　売上総利益　¥＿＿＿＿＿＿＿＿

10 3 次のＡ品の取引を，先入先出法によって商品有高帳に記入し，締め切りなさい。なお，開始記入も示すこと。

1月6日　大阪商店にＡ品500個を＠¥820で売り渡し，代金は掛けとした。

15日　兵庫商店からＡ品600個を＠¥620で仕入れ，代金は掛けとした。なお，引取運賃¥6,000は現金で支払った。

23日　京都商店にＡ品300個を＠¥850で売り渡し，代金は掛けとした。

商 品 有 高 帳

(先入先出法)　　　　　　　　　　　　　　　　Ａ　品　　　　　　　　　　　　　　単位：個

令和○年		摘　要	受　入			払　出			残　高		
			数量	単価	金額	数量	単価	金額	数量	単価	金額
1	1	前 月 繰 越	600	600	360,000				600	600	360,000

移動平均法　全商3　日商

　仕入れのつど，数量および金額を前の残高に加え，新しい平均単価を計算し，これを払出単価とする方法を**移動平均法**という。

例題2 次のA品の取引を，移動平均法によって商品有高帳に記入し，完成しなさい。

　8月15日　埼玉商店からA品20個を@¥130で仕入れ，代金¥2,600は掛けとした。
　　　22日　茨城商店にA品15個を@¥200で売り渡し，代金¥3,000は掛けとした。

商品有高帳

(移動平均法)　　　　　　　　　　　　　　A　　品　　　　　　　　　　　　　　単位：個

令和○年		摘　要	受　入			払　出			残　高		
			数量	単価	金額	数量	単価	金額	数量	単価	金額
8	1	前月繰越	10	100	1,000				10	100	1,000
	15	埼玉商店	20	130	2,600				30	①(　　)	3,600
	22	茨城商店				15	②(　　)	③(　　)	15	120	1,800
	31	次月繰越				15	120	1,800			
			30		3,600	30		3,600			
9	1	前月繰越	15	120	1,800				15	120	1,800

②直前の残高欄に記入されている平均単価を払出単価とする

15日の平均単価を計算する。
平均単価＝
（1日の残高欄の金額＋15日の仕入金額）
÷（1日の残高欄の数量＋15日の仕入数量）
＝（¥1,000＋¥2,600）÷（10個＋20個）

good

---

10 4 次のA品の取引を，移動平均法によって商品有高帳に記入し，締め切りなさい。なお，開始記入も示すこと。

　8月7日　静岡商店からA品10個を@¥50で仕入れ，代金¥500は現金で支払った。
　　11日　愛知商店にA品8個を@¥90で売り渡し，代金¥720は掛けとした。
　　18日　長野商店からA品8個を@¥65で仕入れ，代金¥520は掛けとした。
　　24日　富山商店にA品6個を@¥90で売り渡し，代金¥540は現金で受け取った。

商品有高帳

(移動平均法)　　　　　　　　　　　　　　A　　品　　　　　　　　　　　　　　単位：個

令和○年		摘　要	受　入			払　出			残　高		
			数量	単価	金額	数量	単価	金額	数量	単価	金額
8	1	前月繰越	2	50	100				2	50	100
	7	静岡商店	10	50	500				12	(　　)	600
	11	愛知商店				8	(　　)	400	4	50	200
	18	長野商店	(　)	(　)	520				(　)		720
	24	富山商店				6	(　)	(　)	(　)		360
	31	次月繰越				(　)	(　)	360			
			(　)		(　)	(　)		(　)			
9	1	前月繰越	(　)	(　)	(　)				(　)	(　)	(　)

10 5 次のA品の取引を，移動平均法によって商品有高帳に記入し，締め切りなさい。

6月3日　千葉商店からA品20個を@¥83で仕入れ，代金¥1,660は現金で支払った。

10日　館山商店にA品15個を@¥120で売り渡し，代金¥1,800は掛けとした。

15日　銚子商店からA品30個を@¥85で仕入れ，代金¥2,550は掛けとした。

25日　東金商店にA品25個を@¥125で売り渡し，代金¥3,125は掛けとした。

商 品 有 高 帳

（移動平均法）　　　　　　　　　　　　　　　　　A 品　　　　　　　　　　　　　　　　　単位：個

令和○年		摘　要	受　入			払　出			残　高		
			数量	単価	金額	数量	単価	金額	数量	単価	金額
6	1	前月繰越	10	80	800				10	80	800

10 6 次のA品の取引を，移動平均法によって商品有高帳に記入し，締め切りなさい。なお，開始記入も示すこと。また，8月中のA品の売上原価および売上総利益を求めなさい。

8月2日　市川商店からA品360個を@¥620で仕入れ，代金は小切手を振り出して支払った。

5日　船橋商店にA品200個を@¥950で売り渡し，代金は掛けとした。

15日　白井商店からA品200個を@¥630で仕入れ，代金は掛けとした。なお，引取運賃¥1,800は現金で支払った。

18日　成田商店にA品380個を@¥1,000で売り渡し，代金は掛けとした。

25日　茂原商店からA品300個を@¥645で仕入れ，代金は掛けとした。

29日　大原商店にA品160個を@¥980で売り渡し，代金は掛けとした。

商 品 有 高 帳

（移動平均法）　　　　　　　　　　　　　　　　　A 品　　　　　　　　　　　　　　　　　単位：個

令和○年		摘　要	受　入			払　出			残　高		
			数量	単価	金額	数量	単価	金額	数量	単価	金額
8	1	前月繰越	120	600	72,000				120	600	72,000

8月中の売上原価　¥＿＿＿＿＿＿＿　　　　　売上総利益　¥＿＿＿＿＿＿＿

11 売掛金・買掛金

売掛金と売掛金元帳（得意先元帳）　全商3　日商　全経

　商品を掛けで売り渡したときに発生する債権（後日その商品代金を受け取ることのできる権利）を売掛金という。商品を掛け売りしたときは売掛金勘定（資産）の借方に記入し，売掛金を回収したときや掛売品が返品されたときは，その貸方に記入する。

　また，売掛金の得意先ごとの明細を記録する補助簿（補助元帳）を**売掛金元帳**（得意先元帳）といい，各得意先の氏名や商店名を勘定科目とする**人名勘定**を用いて記録する。

例題1 次の取引の仕訳を売掛金勘定と売掛金元帳に記入しなさい。なお，売掛金元帳は締め切ること。

1月6日　上野商店に商品¥1,000を売り渡し，代金は掛けとした。
　　　　　（借）　売　掛　金　　　1,000　　（貸）　売　　上　　　1,000

10日　渋谷商店に商品¥2,000を売り渡し，代金は掛けとした。
　　　　（借）　売　掛　金　　　2,000　　（貸）　売　　上　　　2,000

12日　渋谷商店に売り渡した上記商品のうち¥300が返品された。なお，この代金は売掛金から差し引くことにした。
　　　　（借）　売　　上　　　300　　（貸）　売　掛　金　　　300

23日　上野商店に対する売掛金の一部¥600を現金で受け取った。
　　　　（借）　現　　金　　　600　　（貸）　売　掛　金　　　600

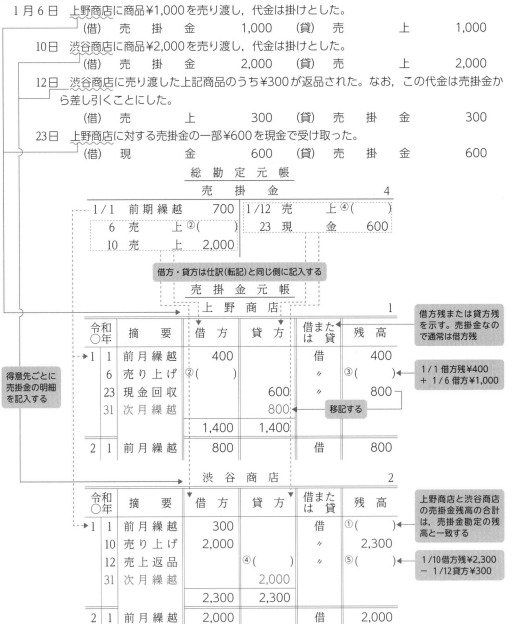

11-1 次の取引の仕訳を示し，総勘定元帳の売掛金勘定と売掛金元帳(得意先元帳)に記入し，売掛金勘定の残高を求めなさい。なお，売掛金元帳は締め切ること。

1月 5日　大塚商店に商品¥6,000を売り渡し，代金は掛けとした。

　　 6日　大塚商店に売り渡した上記商品のうち，¥1,000が品違いのため返品を受けた。なお，この代金は売掛金から差し引くことにした。

　　10日　目白商店に商品¥9,000を売り渡し，代金のうち¥4,000は同店振り出しの小切手で受け取り，残額は掛けとした。

　　12日　目白商店に売り渡した上記商品のうち，¥300が品違いのため返品を受けた。なお，この代金は売掛金から差し引くことにした。

　　27日　大塚商店から売掛金¥2,000を，目白商店から売掛金¥5,000をともに現金で回収した。

	借　　方	貸　　方
1/5		
6		
10		
12		
27		

総　勘　定　元　帳

売　　掛　　金　　　　　4

1/1	前期繰越	3,500	1/6 (	)	1,000
5	売　上 (	)	12 売　上 (	)	
10 (	)	5,000	27 (	)	7,000

売掛金勘定残高	¥

売　掛　金　元　帳

大　塚　商　店　　　　　1

令和○年	摘　要	借　方	貸　方	借または貸	残　高
1 1	前月繰越	1,000		借	1,000
5	売り上げ	( )		〃	( )
6	売上返品		( )	( )	( )
27	現金回収		( )	( )	( )
31	次月繰越		4,000		
		7,000	7,000		

目　白　商　店　　　　　2

令和○年	摘　要	借　方	貸　方	借または貸	残　高
1 1	前月繰越	2,500		借	2,500
10	( )		5,000	( )	7,500
12	( )		( )	〃	( )
27	( )		( )	( )	( )
( )	( )		( )		
		( )	( )		

11 2 次の取引の仕訳を示し，総勘定元帳の売掛金勘定と売掛金元帳（得意先元帳）に記入しなさい。なお，売掛金元帳は締め切り，開始記入も示すこと。ただし，売掛金の前月繰越高は¥180,000（麻布商店¥100,000，原宿商店¥80,000）である。

1月5日　麻布商店に商品¥60,000を売り渡し，代金のうち，¥20,000は現金で受け取り，残額は掛けとした。

　　8日　麻布商店に売り渡した上記商品のうち，¥10,000が品違いのため返品を受けた。なお，この代金は売掛金から差し引くことにした。

　　14日　原宿商店に商品¥42,000を売り渡し，代金は掛けとした。なお，発送費¥2,000を現金で支払った。

　　15日　原宿商店に売り渡した上記商品のうち，¥3,000が品違いのため返品を受けた。なお，この代金は売掛金から差し引くことにした。

　　28日　麻布商店から売掛金¥100,000を，原宿商店から売掛金¥70,000をともに現金で回収した。

	借　方	貸　方
1/5		
8		
14		
15		
28		

総　勘　定　元　帳

売　掛　金　　　　　4

1/1 前 期 繰 越	180,000		

売　掛　金　元　帳

麻　布　商　店　　　1

令和○年	摘　要	借　方	貸　方	借または貸	残　高
1　1	前月繰越				

原　宿　商　店　　　2

令和○年	摘　要	借　方	貸　方	借または貸	残　高
1　1	前月繰越				

クレジット売掛金 全商2 日商

クレジットカードによる販売取引から生じる債権をクレジット売掛金といい，通常の商品販売から生じる売掛金勘定とは区別してクレジット売掛金勘定(資産)を用いて処理する。

また，クレジットカードによる販売取引では信販会社に対する手数料が発生する。手数料に関しては支払手数料勘定(費用)を用いて，販売時に処理する。

例題2 次の連続する取引の仕訳を示しなさい。

(1) 山形商店に商品¥100,000をクレジット払いの条件で販売した。なお，信販会社に対する手数料は販売代金の2%であり，販売時に処理を行う。

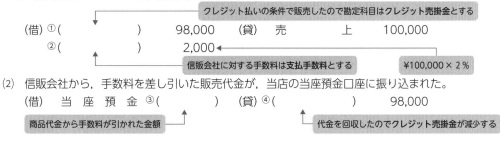

			クレジット払いの条件で販売したので勘定科目は**クレジット売掛金**とする

(借) ① (　　　　　)　98,000　　(貸)　売　　上　100,000
　　② (　　　　　)　2,000
信販会社に対する手数料は**支払手数料**とする　　　¥100,000 × 2%

(2) 信販会社から，手数料を差し引いた販売代金が，当店の当座預金口座に振り込まれた。

(借)　当座預金 ③ (　　　　　)　　(貸) ④ (　　　　　)　98,000
商品代金から手数料が引かれた金額　　　代金を回収したので**クレジット売掛金**が減少する

---

11 3 次の連続する取引の仕訳を示しなさい。

(1) 太田商店に商品¥100,000をクレジット払いの条件で販売した。なお，信販会社に対する手数料は販売代金の4%であり，販売時に処理を行う。

(2) 信販会社から，手数料を差し引いた販売代金が，当店の当座預金口座に振り込まれた。

	借　　　方	貸　　　方
(1)		
(2)		

11 4 次の連続する取引の仕訳を示しなさい。

(1) 館林商店に商品¥50,000をクレジット払いの条件で販売した。なお，信販会社に対する手数料は販売代金の3%であり，販売時に処理を行う。

(2) 館林商店に販売した上記商品のうち¥10,000について，不良品のため返品された。よって修正の処理を行う。なお，販売時に計上した手数料に関しても同様の処理を行うこと。

(3) 館林商店に対する上記クレジット売掛金について，本日当座預金口座に入金があったとの通知を，取引銀行から受けた。

	借　　　方	貸　　　方
(1)		
(2)		
(3)		

買掛金と買掛金元帳（仕入先元帳） 全商3 日商 全経

　商品を掛けで仕入れたときに発生する債務（後日その商品代金を支払わなければならない義務）を買掛金という。商品を掛けで仕入れたときは買掛金勘定（負債）の貸方に記入し，買掛金を支払ったときや掛買品を返品したときは，その借方に記入する。

　また，買掛金の仕入先ごとの明細を記録する補助簿（補助元帳）を**買掛金元帳**（仕入先元帳）といい，各仕入先の氏名や商店名を勘定科目とする**人名勘定**を用いて記録する。

例題3　次の取引の仕訳を買掛金勘定と買掛金元帳に記入しなさい。なお，買掛金元帳は締め切ること。

１月７日　練馬商店から商品¥2,000を仕入れ，代金は掛けとした。

　　　　　（借）仕　　　　　入　　　2,000　　　（貸）買　　掛　　金　　　2,000

　14日　杉並商店から商品¥1,500を仕入れ，代金は掛けとした。

　　　　　（借）仕　　　　　入　　　1,500　　　（貸）買　　掛　　金　　　1,500

　15日　杉並商店から仕入れた上記商品の一部¥500を返品した。なお，この代金は買掛金から差し引くことにした。

　　　　　（借）買　　掛　　金　　　　500　　　（貸）仕　　　　　入　　　　500

　26日　練馬商店に対する買掛金の一部¥1,700を現金で支払った。

　　　　　（借）買　　掛　　金　　　1,700　　　（貸）現　　　　　金　　　1,700

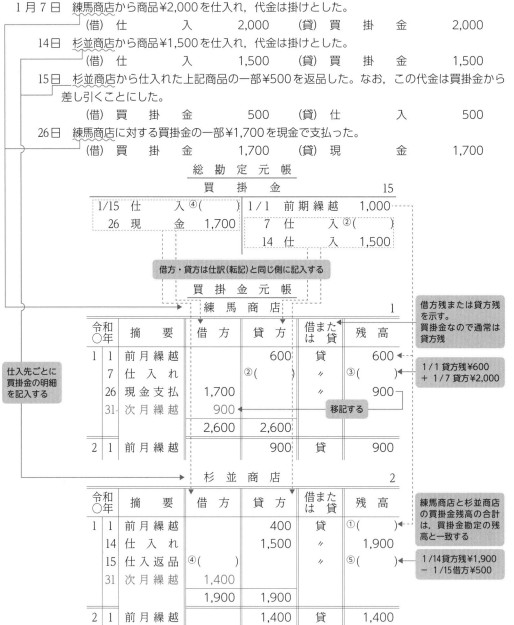

〔参考〕統制勘定（統括勘定）

　売掛金勘定・買掛金勘定は，売掛金元帳・買掛金元帳の各人名勘定をまとめるので**統制勘定**という。

11 5 次の取引の仕訳を示し，総勘定元帳の買掛金勘定と買掛金元帳(仕入先元帳)に記入し，買掛金勘定の残高を求めなさい。なお，買掛金元帳は締め切り，開始記入も示すこと。

1 月 8 日　赤坂商店から商品¥18,000を仕入れ，代金は掛けとした。

　　11日　青山商店から商品¥24,000を仕入れ，代金のうち¥14,000は小切手を振り出して支払い，残額は掛けとした。

　　12日　青山商店から仕入れた上記商品のうち，¥3,000は品違いのため返品した。なお，この代金は買掛金から差し引くことにした。

　　22日　赤坂商店に対する買掛金¥20,000を現金で支払った。

	借　　方	貸　　方
1/8		
11		
12		
22		

総　勘　定　元　帳

買　掛　金　　　　15

1/12 (	)	3,000	1/1 前期繰越	23,000
22 現　　金 (	)		8 仕　　入 (	)
			11 (	)	10,000

買掛金勘定残高	¥

買　掛　金　元　帳

赤　坂　商　店　　　　1

令和○年		摘　要	借　方	貸　方	借または貸	残　高
1	1	前月繰越		12,000	貸	12,000
	8	仕 入 れ		( )	〃	( )
	22	( )	( )		( )	( )
	31	次月繰越	10,000			
			( )	( )		
2	1	( )		( )	貸	( )

青　山　商　店　　　　2

令和○年		摘　要	借　方	貸　方	借または貸	残　高
1	1	前月繰越		11,000	貸	11,000
	11	( )		( )	( )	21,000
	12	仕入返品	( )		〃	( )
	( )	( )		( )	( )	( )
			( )	( )		
2	1	( ) ( )	( )		( )	( ) ( )

11 6 次の取引の仕訳を示し，総勘定元帳の買掛金勘定と買掛金元帳(仕入先元帳)に記入しなさい。なお，買掛金元帳は締め切ること。

取 引

1月10日　栃木商店から次の商品を仕入れ，代金のうち¥95,000は現金で支払い，残額は掛けとした。

A 品	300個	@¥650	¥195,000
B 品	400〃	〃〃500	¥200,000

12日　栃木商店から仕入れた上記商品の一部に品質不良のものがあったので，次のとおり返品した。なお，この代金は買掛金から差し引くことにした。

B 品	10個	@¥500	¥ 5,000

23日　茨城商店から次の商品を仕入れ，代金のうち¥100,000は小切手を振り出して支払い，残額は掛けとした。

C 品	500個	@¥360	¥180,000

31日　茨城商店に対する買掛金の一部¥220,000を現金で支払った。

	借　　　方	貸　　　方
1/10		
12		
23		
31		

総　勘　定　元　帳

買　掛　金　　　　　　　15

	1/1　前期繰越　370,000	

買　掛　金　元　帳

栃　木　商　店					1
令和〇年	摘　要	借　方	貸　方	借または貸	残　高
1　1	前月繰越		120,000	貸	120,000

茨　城　商　店					2
令和〇年	摘　要	借　方	貸　方	借または貸	残　高
1　1	前月繰越		250,000	貸	250,000

12 受取手形・支払手形

受取手形 全商2 日商

1 手形の種類

商品の仕入代金を支払ったり，売上代金を回収するための手段として，現金や小切手などのほかに手形を用いる場合がある。手形には，**約束手形**と**為替手形**の 2 種類がある。

約束手形は，手形の振出人 (支払人) が手形代金の受取人に対して，一定の期日 (満期日) に手形代金を支払うことを約束する証券である。また，為替手形は，手形の振出人が名あて人 (引受人・支払人) に対して，一定の期日に手形金額を，受取人に支払うように依頼する証券である。

2 受取手形 (資産)

商品代金や掛け代金の回収として約束手形を受け取ることにより，手形債権 (手形金額を受け取る権利) が発生したときは，**受取手形勘定 (資産)** の借方に記入する。また，約束手形が満期となり手形金額が入金されたときなど，手形債権が消滅したときは，その貸方に記入する。

例題 1 次の取引の仕訳を示しなさい。

(1) 熊本商店に商品¥8,000を売り渡し，代金は同店振り出しの約束手形で受け取った。

> 約束手形を受け取ったので，勘定科目は受取手形とする

(借) ①(　　　　　　　) 　8,000　(貸) 売　　　上　　　8,000

(2) かねて，取引銀行に取り立てを依頼していた約束手形¥8,000が本日満期となり，当店の当座預金口座に入金されたとの通知を，取引銀行から受けた。

> 手形代金が入金されたので，受取手形が減少する

(借) 当 座 預 金　8,000　(貸) ②(　　　　　　　)　　8,000

---

12 1 次の取引の仕訳を示しなさい。

(1) 浦和商店に商品¥60,000を売り渡し，代金は同店振り出しの約束手形で受け取った。

(2) 大宮商店から売掛金の一部として，同店振り出しの約束手形¥80,000を受け取った。

(3) かねて，取引銀行に取り立てを依頼していた約束手形¥50,000が本日満期となり，当店の当座預金口座に入金されたとの通知を，取引銀行から受けた。

(4) かねて，取引銀行に取り立てを依頼していた約束手形¥120,000が本日満期となり，当店の当座預金口座に入金されたとの通知を，取引銀行から受けた。

	借　　　方	貸　　　方
(1)		
(2)		
(3)		
(4)		

受取手形記入帳 全商2 日商

手形債権の発生と消滅について，明細を記録する補助簿を**受取手形記入帳**という。

例題2 次の取引を受取手形記入帳に記入しなさい。

　1月15日　宮城商店に商品¥100,000を売り渡し，代金は同店振り出しの約束手形#3で受け取った。
　　　　　　　　振出日　1月15日　　支払期日　4月15日　　支払場所　東北銀行
　2月7日　鹿児島商店から売掛金¥200,000の回収として，同店振り出し，当店あての約束手形#11を受け取った。
　　　　　　　　振出日　2月7日　　支払期日　5月7日　　支払場所　九州銀行
　4月15日　宮城商店から受け取っていた上記約束手形#3が本日満期となり，当座預金に入金された。
　5月7日　鹿児島商店から受け取っていた上記約束手形#11が本日満期となり，当座預金に入金された。

手形債権の発生を記入する　　　　受 取 手 形 記 入 帳　　　手形債権の消滅を記入する

令和○年		摘要	金額	手形種類①	手形番号	支払人	振出人または裏書人	振出日		満期日		支払場所	てん末		
													月	日	摘要
1	15	売り上げ	100,000	( )	3	②( )	宮城商店	1	15	4	15	東北銀行	4	15	入　金
2	7	売掛金回収	200,000	約手	11	③( )	鹿児島商店	2	7	5	7	九州銀行	5	7	入　金

約束手形は約手と記入する　　　約束手形は振出人が支払人となる

12 2 次の取引の仕訳を示し，受取手形記入帳に記入しなさい。

　6月8日　熊谷商店に商品¥200,000を売り渡し，代金は同店振り出しの約束手形#7で受け取った。
　　　　　　　　振出日　6月8日　　支払期日　9月8日　　支払場所　関東銀行
　7月12日　大宮商店から売掛金の一部として，同店振り出し，当店あての約束手形#15
　　　　　　¥100,000を受け取った。
　　　　　　　　振出日　7月12日　　支払期日　9月12日　　支払場所　埼玉銀行
　9月8日　熊谷商店から受け取っていた上記約束手形#7が本日満期となり，当座預金に入金された。
　　12日　大宮商店から受け取っていた上記約束手形#15が本日満期となり，当座預金に入金された。

	借　　　　方	貸　　　　方
6/8		
7/12		
9/8		
12		

受 取 手 形 記 入 帳

令和○年		摘要	金額	手形種類	手形番号	支払人	振出人または裏書人	振出日		満期日		支払場所	てん末		
													月	日	摘要
6	8	売り上げ	( )	( )	( )	( )	( )	( )	( )	( )	( )	( )	( )	( )	入　金
7	12	( )	( )	( )	( )	( )	( )	( )	( )	( )	( )	( )	9	12	( )

手形の裏書譲渡・割引　全商2

　受け取った約束手形を支払期日(満期日)前に商品代金の支払いなどに流用するために，手形裏面に必要事項を記入し，他人に譲り渡すことを手形の**裏書譲渡**という。

　また，受け取った約束手形を支払期日(満期日)前に，資金の融通を受けるために，取引銀行などに裏書譲渡することを**手形の割引**という。この場合，割り引いた日から支払期日(満期日)までの利息にあたる割引料を手形金額から差し引かれる。割引料は**手形売却損勘定(費用)**で処理する。

例題3　次の取引の仕訳を示しなさい。

(1)　浜松商店に対する買掛金￥4,000の支払いのため，さきに藤枝商店から受け取っていた，同店振り出しの約束手形を裏書譲渡した。

| (借)　買　掛　金 | 4,000 | (貸)①(| 　　　　　) | 4,000 |

> 約束手形を裏書譲渡したので，**受取手形が減少する**

(2)　さきに，静岡商店から受け取っていた約束手形￥5,700を取引銀行で割り引き，割引料￥200を差し引かれ，手取金は当座預金とした。

| (借)　当 座 預 金 | 5,500 | (貸)②(| 　　　　　) | 5,700 |
| ③(| 　　　　) | 200 | | |

> 約束手形を割り引いたので，**受取手形が減少する**

> 割引料を差し引かれたので，勘定科目は手形売却損とする

12 3　次の取引の仕訳を示しなさい。

(1)　川崎商店から商品￥280,000を仕入れ，代金はさきに得意先所沢商店から受け取っていた約束手形を裏書譲渡した。

(2)　さきに，草加商店から受け取っていた約束手形￥400,000を取引銀行で割り引き，割引料￥8,000を差し引かれ，手取金は当座預金とした。

	借　　　　　方	貸　　　　　方
(1)		
(2)		

12 4　次の取引を受取手形記入帳に記入しなさい。

4月1日　坂戸商店から売掛金の一部￥190,000を，同店振り出しの約束手形#6で受け取った。
　　　　　　　振出日　4月1日　　支払期日　6月1日　　支払場所　関東銀行

5月25日　戸田商店から商品￥190,000を仕入れ，代金として，さきに坂戸商店から受け取っていた約束手形#6を裏書譲渡した。

6月20日　飯能商店に商品￥230,000を売り渡し，代金として，同店振り出し，当店あての約束手形#10を受け取った。
　　　　　　　振出日　6月20日　　支払期日　7月20日　　支払場所　関東銀行

7月5日　飯能商店から受け取っていた上記約束手形#10を取引銀行で割り引き，割引料￥510を差し引かれ，手取金は当座預金とした。

受 取 手 形 記 入 帳

令和○年	摘　要	金　額	手形種類	手形番号	支払人	振出人または裏書人	振出日	満期日	支払場所	てん末 月 日	摘要

支払手形 全商2 日商

商品代金や掛け代金の支払いとして約束手形を振り出すことにより，手形債務(手形金額を支払う義務)が発生したときは，**支払手形勘定(負債)**の貸方に記入する。また，約束手形が満期となり手形金額を支払うことにより，手形債務が消滅したときは，その借方に記入する。

例題4 次の取引の仕訳を示しなさい。

(1) 長野商店から商品¥20,000を仕入れ，代金は同店あての約束手形を振り出して支払った。

約束手形を振り出したので，勘定科目は**支払手形**とする

(借) 仕　　　　入　　20,000 　(貸) ①(　　　　　　)　　20,000

(2) 長野商店あてに振り出した上記約束手形¥20,000が，本日満期となり，当座預金から支払ったとの通知を，取引銀行から受けた。

(借) ②(　　　　　　)　　20,000　 (貸) 当　座　預　金　　20,000

手形代金が支払われたので，**支払手形**が減少する

12 5 次の取引の仕訳を示しなさい。

(1) 福岡商店から商品¥180,000を仕入れ，代金は同店あての約束手形を振り出して支払った。

(2) 仕入先大分商店に対する買掛金¥250,000を，同店あての約束手形を振り出して支払った。

(3) さきに商品代金として新潟商店あてに振り出した約束手形¥200,000が本日満期となり，当座預金から支払ったとの通知を，取引銀行から受けた。

(4) 札幌商店から商品¥400,000を仕入れ，代金は同店あての約束手形を振り出して支払った。

	借　　　方	貸　　　方
(1)		
(2)		
(3)		
(4)		

支払手形記入帳 全商2 日商

手形債務の発生と消滅について，明細を記録する補助簿を**支払手形記入帳**という。

例題5 次の取引を支払手形記入帳に記入しなさい。

3月15日　富山商店から商品¥50,000を仕入れ，代金は同店あての約束手形＃9を振り出して支払った。
振 出 日　3月15日　　支払期日　5月15日　　支払場所　北陸銀行

4月7日　仕入先京都商店に対する買掛金¥80,000を，同店あての約束手形＃10を振り出して支払った。
振 出 日　4月7日　　支払期日　7月7日　　支払場所　関西銀行

5月15日　富山商店あてに振り出した上記約束手形＃9が本日満期となり，当座預金から支払ったとの通知を，取引銀行から受けた。

手形債務の発生を記入する　　　　　　　　　　　支 払 手 形 記 入 帳　　　　　手形債務の消滅を記入する

令和 ○年		摘　要	金　額	手形種類	手形番号	受取人	振出人	振出日		満期日		支払場所	てん末		
													月	日	摘要
3	15	仕 入 れ	50,000	約手	9	①(　　)	当　店	3	15	5	15	北陸銀行	5	15	支払い
4	7	買掛金支払い	80,000	(　) ②	10	京都商店	③(　　)	4	7	7	7	関西銀行			

約束手形は約手と記入する　　　　　　　　　　　　約束手形は当店と記入する

---

12 6 次の取引の仕訳を示し，支払手形記入帳に記入しなさい。

10月20日　春日部商店から商品¥360,000を仕入れ，代金は同店あての約束手形＃17を振り出して支払った。
振 出 日　10月20日　　支払期日　11月20日　　支払場所　埼玉銀行

30日　仕入先深谷商店に対する買掛金¥100,000を，同店あての約束手形＃18を振り出して支払った。
振 出 日　10月30日　　支払期日　12月10日　　支払場所　埼玉銀行

11月20日　春日部商店あてに振り出した上記約束手形＃17　¥360,000が本日満期となり，当座預金から支払ったとの通知を，取引銀行から受けた。

	借　　　　方	貸　　　　方
10/20		
30		
11/20		

支 払 手 形 記 入 帳

令和 ○年		摘　要	金　額	手形種類	手形番号	受取人	振出人	振出日		満期日		支払場所	てん末		
													月	日	摘要
10	20	仕 入 れ	(　　)	(　)	(　)	(　　)	当　店	(　)	(　)	(　)	(　)	埼玉銀行	11	20	(　)
(　)	(　)	(　　)	(　　)	(　)	(　)	(　　)	(　　)	(　)	(　)	(　)	(　)	(　　)			

営業外受取手形・営業外支払手形 全商2

固定資産の購入・売却など，営業外の取引において，約束手形を受け取ったときは**営業外受取手形勘定（資産）**に記入し，約束手形を振り出したときは**営業外支払手形勘定（負債）**に記入する。

例題6 次の取引の仕訳を示しなさい。

(1) 帳簿価額¥2,000,000の土地を¥2,500,000で売却し，代金は当店あての約束手形で受け取った。

営業外取引なので営業外受取手形勘定の借方に記入する

(借) ①(　　　　　　　) 2,500,000　(貸) 土　　　地　2,000,000
　　　　　　　　　　　　　　　　　　　　　固定資産売却益　500,000

(2) 備品¥240,000を購入し，代金は約束手形を振り出して支払った。

(借) 備　　品　240,000　(貸) ②(　　　　　　　) 240,000

営業外取引なので営業外支払手形勘定の借方に記入する

---

12 7 次の取引の仕訳を示しなさい。

(1) 商品陳列用ケース¥370,000を買い入れ，代金は約束手形を振り出して支払った。

(2) 不要になった営業用トラック¥650,000（帳簿価額）を¥500,000で奈良商店に売り渡し，代金は同店振り出し，当店あての約束手形で受け取った。

	借　　　　方	貸　　　　方
(1)		
(2)		

不渡手形 全商2

手形金額が支払期日に支払いを受けることができなくなったとき，これを手形の不渡りといい，**不渡手形勘定（資産）**の借方に記入する。その後，不渡手形の請求額を回収したときや回収できなくなったときは貸方に記入する。

例題7 次の取引の仕訳を示しなさい。

(1) 商品代金として受け取っていた約束手形¥100,000が不渡りとなったので償還請求した。なお，このために要した諸費用¥2,000は現金で支払った。

受取手形勘定の貸方に記入する

(借) 不 渡 手 形 ①(　　　　　　　)　(貸) ②(　　　　　　　) 100,000
　　　　　　　　　　　　　　　　　　　　　　　　　現　　金　2,000

諸費用を含めた金額を**不渡手形勘定の借方に記入する**

(2) 上記の請求額と期日以後の利息¥1,000を現金で受け取った。

(借) 現　　金　103,000　(貸) ③(　　　　　　　) 102,000
　　　　　　　　　　　　　　　　受 取 利 息　1,000

請求額は不渡手形を指すので，不渡手形勘定の貸方に記入する

(3) 不渡手形¥15,000が回収不能となったので，貸し倒れとして処理した。ただし，貸倒引当金の残高が¥20,000ある。

回収不能となったので，不渡手形勘定の貸方に記入する

(借) 貸 倒 引 当 金　15,000　(貸) ④(　　　　　　　) 15,000

---

12 8 次の取引の仕訳を示しなさい。

(1) 静岡商店から商品代金として裏書譲渡されていた東西商店振り出しの約束手形¥460,000が不渡りとなったので，静岡商店に償還請求した。なお，償還請求に要した諸費用¥13,000は現金で支払った。

(2) 静岡商店から(1)の請求額および期日以後の利息¥2,000を現金で受け取った。

(3) 南北商店から商品代金として受け取っていた約束手形¥230,000が不渡りとなり，償還請求の諸費用¥1,000とあわせて請求していたが，本日，全額回収不能となったので，貸し倒れとして処理した。なお，貸倒引当金の残高が¥180,000ある。

	借　　　　方	貸　　　　方
(1)		
(2)		
(3)		

手形の書き換え　全商2

　手形の支払人が，手形の支払日に，その支払いが困難になった場合，支払人は，手形の受取人の承諾を得て，支払期日を延期した新手形を振り出して，旧手形と交換することがある。これを手形の書き換えという。

例題8　次の取引の仕訳を示しなさい。

(1) 仕入先に振り出した約束手形¥320,000について，支払期日の延期を申し込み，承諾を得たので，新手形を振り出し，旧手形と交換した。なお，支払延期による利息¥8,000は現金で支払った。

旧手形を回収したので**支払手形勘定の借方に記入する**　　　新手形を振り出したので**支払手形勘定の貸方に記入する**

(借)①(　　↓　　)　320,000　　(貸)②(　　↓　　)　320,000
　　　支 払 利 息　　8,000　　　　　　現　　　金　　8,000

(2) さきに，売上代金として受け取っていた山形商店振り出しの約束手形¥400,000について，同店から支払期日の延期の申し出があり，これを承諾し，利息¥3,000を加算した新手形と交換した。

旧手形を引き渡したので**受取手形勘定の貸方に記入する**

(借)③(　　↑　　)　403,000　　(貸)④(　　↓　　)　400,000
　　　　　　　　　　　　　　　　　　　受 取 利 息　　3,000

新手形を受け取ったので利息額を含めて**受取手形勘定の借方に記入する**

12 9 次の取引の仕訳を示しなさい。

(1) さきに，山梨商店から商品代金として受け取っていた同店振り出し，当店あての約束手形¥200,000について，支払期日の延期の申し出があり，これを承諾し，新しい手形と交換した。なお，支払延期にともなう利息¥1,000は現金で受け取った。

(2) さきに，山形商店に対する買掛金の支払いのために振り出した約束手形¥300,000について，支払期日の延期を申し出て，同店の承諾を得た。よって，支払期日の延期にともなう利息¥2,000を加えた新しい手形を振り出して，旧手形と交換した。

	借　　　　方	貸　　　　方
(1)		
(2)		

1 電子記録債権・債務

　売掛金などの債権を電子債権記録機関において電子的に記録したものを**電子記録債権**といい，買掛金などの債務を記録したものを**電子記録債務**という。

2 電子記録債権（資産）

　売掛金などについて，電子記録債権の発生記録をした場合，**電子記録債権勘定（資産）**の借方に記入する。また，これが決済により消滅した場合は，その貸方に記入する。

例題9　次の連続する取引の仕訳を示しなさい。

(1)　高崎商店は，前橋商店に商品¥80,000を売り渡し，代金は掛けとした。

　　　（借）売　掛　金　　80,000　（貸）売　　　　上　　80,000

(2)　高崎商店は，前橋商店に対する上記売掛金について，同店の承諾を得て，電子記録債権の発生記録を行った。

　　　　　　　　　　　電子記録債権の発生記録を行ったので，勘定科目は電子記録債権とする

　　　（借）①(　　　　　　　)　80,000　（貸）②(　　　　　　　)　80,000

　　　　　　　　　　　　　　　　　　売掛金が電子記録されたので，通常の売掛金は減少する

(3)　上記電子記録債権の支払期日が到来し，当店の当座預金口座に入金された。

　　　（借）当　座　預　金　　80,000　（貸）③(　　　　　　　)　80,000

　　　　　　　　　　　　　　　　電子記録債権が決済されたので，電子記録債権が減少する

3 電子記録債務（負債）

　買掛金などについて，電子記録債務の発生記録をした場合，**電子記録債務勘定（負債）**の貸方に記入する。また，これが決済されたときは，その借方に記入する。

例題10　次の連続する取引の仕訳を示しなさい。

(1)　本庄商店は，深谷商店から商品¥90,000を仕入れ，代金は掛けとした。

　　　（借）仕　　　　入　　90,000　（貸）買　掛　金　　90,000

(2)　本庄商店は，深谷商店に対する上記買掛金について，電子記録債務の発生記録を行った。

　　　　　　　　　　　　電子記録債務の発生記録を行ったので，勘定科目は電子記録債務とする

　　　（借）買　掛　金　　90,000　（貸）④(　　　　　　　)　90,000

(3)　上記電子記録債務の支払期日が到来したため，当座預金で決済した。

　　　　　　電子記録債務が決済されたので，電子記録債務が減少する

　　　（借）⑤(　　　　　　　)　90,000　（貸）当　座　預　金　　90,000

---

12 10　次の連続する取引の仕訳を示しなさい。

(1)　滋賀商店は，三重商店に商品¥430,000を売り渡し，代金は掛けとした。

(2)　滋賀商店は，三重商店に対する上記売掛金について，同店の承諾を得て，電子記録債権の発生記録を行った。

(3)　上記電子記録債権の支払期日が到来し，当店の当座預金口座に入金された。

	借　　　方	貸　　　方
(1)		
(2)		
(3)		

12 11 次の連続する取引の仕訳を示しなさい。

(1) 鳥取商店は, 岡山商店から商品¥300,000を仕入れ, 代金は掛けとした。

(2) 鳥取商店は, 岡山商店に対する上記買掛金について, 電子記録債務の発生記録を行った。

(3) 上記電子記録債務の支払期日が到来したため, 当座預金で決済した。

	借　　　方	貸　　　方
(1)		
(2)		
(3)		

12 12 次の連続する取引について佐賀商店および長崎商店の仕訳を示しなさい。

(1) 佐賀商店は, 得意先長崎商店に対する売掛金¥40,000について, 同店の承諾を得て, 電子記録債権の発生記録を行った。

(2) 上記電子記録債権の支払期日が到来し, 佐賀商店および長崎商店の当座預金口座間で決済が行われた。

	佐　賀　商　店		長　崎　商　店	
	借　　方	貸　　方	借　　方	貸　　方
(1)				
(2)				

12 13 次の取引の仕訳を示しなさい。

(1) 静岡商店は, 得意先愛知商店に対する売掛金¥240,000について, 同店の承諾を得て, 電子記録債権の発生記録を行った。

(2) 青森商店は, 秋田商店に対する買掛金¥380,000について, 取引銀行を通じて電子記録債務の発生記録の通知を受け, これを承諾した。

(3) 山梨商店は, 甲府商店に対する買掛金¥160,000について, 電子債権記録機関に債務の発生記録の請求を行った。

(4) 福井商店に対する電子記録債権¥170,000が決済され, 当店の当座預金口座に振り込まれた。

(5) 宇都宮商店は, 栃木商店に対する売掛金¥200,000について, 取引銀行を通じて電子記録債権の発生記録の通知を受けた。

(6) 鳥取商店に対する電子記録債務¥300,000の支払期日が到来し, 当座預金で決済された。

	借　　　方	貸　　　方
(1)		
(2)		
(3)		
(4)		
(5)		
(6)		

13 その他の債権・債務

貸付金・借入金 [全商3] [日商] [全経]　手形貸付金・手形借入金 [全商2] [日商] [全経]

借用証書によって金銭を貸し付けたときは，**貸付金勘定（資産）**の借方に記入し，返済を受けたときは，貸方に記入する。貸付金の利息は，**受取利息勘定（収益）**の貸方に記入する。なお，約束手形を受け取って金銭を貸し付けたときは**手形貸付金勘定（資産）**に記入する。

借用証書によって金銭を借り入れたときは，**借入金勘定（負債）**の貸方に記入し，返済したときは，借方に記入する。借入金の利息は，**支払利息勘定（費用）**の借方に記入する。なお，約束手形を振り出して金銭を借り入れたときは**手形借入金勘定（負債）**に記入する。

例題1 次の取引の仕訳を示しなさい。

(1) 借用証書によって，現金¥60,000を貸し付けた。

(借) ①(　　　　　　　) 60,000 (貸) 現　　　金 60,000

(2) 借用証書によって貸し付けていた¥60,000の返済を受け，その利息¥3,000とともに現金で受け取った。 貸付金の返済は，貸付金を貸方に記入する 貸付金の利息は，受取利息となる

(借) 現　　　金 63,000 (貸) ②(　　　　　　　) 60,000
③(　　　　　　　) 3,000

(3) 借用証書によって取引銀行より現金¥120,000を借り入れ，利息¥6,000を差し引かれた残額が当座預金口座に振り込まれた。 借り入れた額で，借入金を貸方に記入する

(借) 当 座 預 金 114,000 (貸) ④(　　　　　　　) 120,000
⑤(　　　　　　　) 6,000 借入金の利息は，支払利息となる

(4) 約束手形を振り出して，取引銀行から現金¥300,000を借り入れた。

(借) 現　　　金 300,000 (貸) ⑥(　　　　　　　) 300,000

手形を振り出して借り入れを行ったときは，手形借入金の貸方に記入する

---

13 1 次の取引の仕訳を示しなさい。

(1) 借用証書によって福岡商事株式会社より現金¥1,000,000を借り入れた。

(2) 借用証書によって¥1,000,000を借り入れていたが，利息¥50,000とともに小切手を振り出して支払った。

(3) 青森商店から借用証書によって貸し付けていた¥1,200,000の返済を受け，その利息¥60,000とともに，同店振り出しの小切手で受け取り，ただちに当座預金に預け入れた。

(4) 秋田商店に，現金¥200,000を貸し付け，同店振り出しの約束手形を受け取った。

	借　　　方	貸　　　方
(1)		
(2)		
(3)		
(4)		

前払金・前受金　全商3 | 日商 | 全経

商品を注文し，代金の一部を内金として支払ったときは，**前払金勘定(資産)**の借方に記入し，注文した商品を受け取ったときは，前払額を貸方に記入する。

商品の注文を受け，代金の一部を内金として受け取ったときは，**前受金勘定(負債)**の貸方に記入し，注文を受けた商品を売り渡したときは，前受額を借方に記入する。

例題2 次の取引の仕訳を示しなさい。

(1) 商品¥380,000を注文し，代金の一部¥80,000を内金として現金で前払いした。

(借) ①(　　　　　) 80,000 (貸) 現　　　金 80,000

(2) 商品¥380,000を仕入れ，代金はさきに支払ってある内金¥80,000を差し引き，残額は掛けとした。 前払額は商品代金にあてるため，前払金の貸方に記入する

(借) 仕　　　入 380,000 (貸) ②(　　　　　) 80,000
買　掛　金 300,000

(3) 商品¥270,000の注文を受け，代金の一部¥70,000を内金として現金で受け取った。

(借) 現　　　金 70,000 (貸) ③(　　　　　) 70,000

(4) 商品¥270,000を売り渡し，代金はさきに受け取っていた内金¥70,000を差し引き，残額は先方振り出しの小切手で受け取った。

(借) ④(　　　　　) 70,000 (貸) 売　　　上 270,000
現　　　金 200,000 前受額は商品代金から差し引くので，前受金の借方に記入する

13 2 次の取引の仕訳を示しなさい。

(1) 岩手商店に商品¥290,000を注文し，内金として¥70,000を現金で支払った。

(2) 商品¥290,000を仕入れ，代金はさきに支払ってある内金¥70,000を差し引き，残額は小切手を振り出して支払った。

(3) 佐賀商店に商品¥900,000を売り渡し，代金はさきに受け取っていた内金¥300,000を差し引いて，残額は掛けとした。

(4) 仕入先東海商店に商品¥600,000を発注し，その内金として現金¥120,000を支払った。

(5) A商品(1個あたり¥3,000)の販売に先立ち，得意先中部商会より100個の予約注文を受け，商品代金全額を予約金として現金で受け取った。

	借　　　方	貸　　　方
(1)		
(2)		
(3)		
(4)		
(5)		

未収入金・未払金 　全商3　日商　全経

　備品や不用品など商品以外の売却によって，代金の未収額が生じたときは，**未収入金勘定（資産）**の借方に記入し，未収の代金を受け取ったときは貸方に記入する。

　備品や建物など商品以外の買い入れによって，代金の未払額が生じたときは，**未払金勘定（負債）**の貸方に記入し，未払いの代金を支払ったときは借方に記入する。

例題3 次の取引の仕訳を示しなさい。

(1) 不用になった古新聞を売却し，代金¥2,300は月末に受け取ることにした。

> 商品以外の売却による代金の未収額は，未収入金の借方に記入する

　（借）① (　　　　　)　　2,300　　（貸）雑　　　益　　2,300

(2) 上記(1)の代金¥2,300を現金で受け取った。

> 未収代金を受け取ったときは，未収入金の貸方に記入する

　（借）現　　　金　　2,300　　（貸）② (　　　　　)　　2,300

(3) 備品¥370,000を買い入れ，代金は後日支払うことにした。

> 商品以外の買い入れによる代金の未払額は，未払金の貸方に記入する

　（借）備　　　品　　370,000　　（貸）③ (　　　　　)　　370,000

(4) 上記(3)の代金¥370,000を，小切手を振り出して支払った。

　（借）④ (　　　　　)　　370,000　　（貸）当 座 預 金　　370,000

> 未払代金を支払ったときは，未払金の借方に記入する

check

---

13 3 次の取引の仕訳を示しなさい。

(1) 不用になった段ボール箱を¥3,000で売却し，代金は翌月に受け取ることにした。

(2) 月末に受け取ることになっていた，不用品の売却代金¥1,800を現金で受け取った。

(3) 土地¥900,000を買い入れ，代金のうち¥300,000は現金で支払い，残額は翌月に支払うことにした。

(4) 月末払いの約束で，さきに買い入れた事務用コンピュータの代金¥250,000を，小切手を振り出して支払った。

	借　　　　方	貸　　　　方
(1)		
(2)		
(3)		
(4)		

立替金・預り金　全商3　日商　全経

　取引先などに対して，一時的に金銭を立て替えて支払ったときは，**立替金勘定（資産）**の借方に記入し，立替金の返済を受けたときは，貸方に記入する。また，従業員に対する立替金は，他の立替金と区別して**従業員立替金勘定（資産）**を用いる。

　一時的に金銭を預かったときは，**預り金勘定（負債）**の貸方に記入し，預り金を返したときは借方に記入する。

　預り金はその内容によって**従業員預り金勘定（負債）**や**所得税預り金勘定（負債）**，**社会保険料預り金勘定（負債）**などを用いる。また，従業員の給料から差し引いて預かった源泉所得税は，従業員に代わって企業が税務署に納付する。

例題4　次の取引の仕訳を示しなさい。

(1) 従業員が買い入れた映像機器¥50,000を，現金で立替払いした。

> 従業員に対する立替払いなので，従業員立替金勘定を用いる

(借) ①(　　　　　　　　　) 50,000 (貸) 現　　　金　　50,000

(2) 本月分の給料¥170,000のうち，所得税額¥9,000を差し引いて，残額を現金で支払った。

> 源泉所得税を預かっているので，所得税預り金勘定を用いる

(借) 給　　料　170,000 (貸) ②(　　　　　　　) 9,000
　　　　　　　　　　　　　　　　 現　　　金　161,000

---

13 4　次の取引の仕訳を示しなさい。

(1) 本月分の給料¥790,000の支払いにあたり，所得税の源泉徴収額¥47,000と本人負担の社会保険料¥50,000を差し引いて，残額は現金で支払った。

(2) 従業員から預かっていた所得税の源泉徴収額¥76,000を税務署に現金で納付した。

(3) 従業員への給料¥700,000の支払いにさいして，所得税の源泉徴収額¥50,000を差し引き，普通預金口座から口座振込で支払った。

(4) 得意先九州商店に商品¥162,000を売り上げ，代金のうち¥30,000は注文時に受け取った内金と相殺し，残額は月末の受け取りとした。なお，商品の発送費用¥6,000を現金で支払った。

	借　　　　方	貸　　　　方
(1)		
(2)		
(3)		
(4)		

仮払金・仮受金　全商3　日商　全経

　勘定科目や金額が未確定な支出は，**仮払金勘定（資産）**の借方に記入し，勘定科目や金額が確定したときに，貸方に記入する。

　勘定科目や金額が未確定な収入は，**仮受金勘定（負債）**の貸方に記入し，勘定科目や金額が確定したときに，借方に記入する。

例題5 次の取引の仕訳を示しなさい。

(1) 従業員の出張にあたり，旅費の概算額¥80,000を現金で渡した。

金額が未確定な支出なので，**仮払金の借方に記入する**

（借）① (　　　　　　　) 80,000 （貸）現　　　金　　80,000

(2) 上記(1)の従業員が出張から帰社し，旅費の残額¥4,000を現金で受け取り，精算を行った。

（借）② (　　　　　　　) 76,000 （貸）③ (　　　　　　　) 80,000
　　　現　　　金　　 4,000

旅費の金額¥76,000が確定したので，旅費を借方に計上するとともに，仮払金を貸方に記入する

(3) 出張中の従業員から¥300,000が当座預金口座に振り込まれたが，その内容は不明である。

内容が未確定な収入なので，**仮受金の貸方に記入する**

（借）当　座　預　金　300,000 （貸）④ (　　　　　　　) 300,000

13 5 次の取引の仕訳を示しなさい。

(1) 従業員の出張にさいして，必要な費用の概算額として現金¥30,000を渡した。

(2) 出張中の従業員から当社の当座預金口座に¥700,000の振り込みがあったが，その内容は不明である。

(3) さきに，仮受金勘定で処理していた¥700,000について，本日，その金額は，得意先山形商店に対する売掛金の回収であることがわかった。

(4) 従業員の出張にさいし，旅費の概算額として¥30,000を仮払いしていたが，本日，従業員が帰社して精算を行い，残額¥1,000を現金で受け取った。

(5) 従業員が出張から戻り，旅費の残額¥8,000と，得意先で契約した商品販売にかかる手付金¥15,000を現金で受け取った。なお，出張にあたって，従業員には旅費の概算額¥43,000を渡していた。

	借　　　　方	貸　　　　方
(1)		
(2)		
(3)		
(4)		
(5)		

受取商品券　全商2

商品の売上代金として他店や自治体が発行した商品券を受け取ったときは**受取商品券勘定（資産）**の借方に記入し，発行元に引き渡し現金と引き換えたときに貸方に記入する。

例題6　次の連続する取引の仕訳を示しなさい。

(1) 商品¥80,000を売り渡し，代金として他店発行の商品券を受け取った。

(借)①(　　　　　　　)　　80,000　　(貸)　売　　　　　上　　80,000

└─ 他店発行の商品券を受け取ったので**受取商品券勘定の借方に記入する**

(2) 保有する他店発行の商品券¥80,000を発行元に引き渡し，現金を受け取った。

(借)　現　　　金　　80,000　　(貸)②(　　　　　　　)　　80,000

他店発行の商品券を発行元に引き渡したので**受取商品券勘定の貸方に記入する** ─┘

13 6　次の連続する取引の仕訳を示しなさい。

(1) 埼玉商店は，商品¥20,000を売り渡し，代金は自治体発行の商品券を受け取った。

(2) 埼玉商店は，上記の商品券を自治体に引き渡し，現金¥20,000を受け取った。

	借　　　　方	貸　　　　方
(1)		
(2)		

差入保証金　日商

営業用の店舗などを借りるさいに，保証金を支払ったときは**差入保証金勘定（資産）**の借方に記入し，契約の終了時に返還されたときは貸方に記入する。

例題7　次の連続する取引の仕訳を示しなさい。

(1) 営業用店舗の賃借にあたり，保証金¥200,000を小切手を振り出して支払った。

(借)①(　　　　　　　)　　200,000　　(貸)　当　座　預　金　　200,000

└─ 保証金を支払ったので**差入保証金勘定の借方に記入する**

(2) 契約が満了し，保証金¥200,000が現金で返還された。

(借)　現　　　金　　200,000　　(貸)②(　　　　　　　)　　200,000

保証金が返還されたので**差入保証金勘定の貸方に記入する** ─┘

13 7　次の連続する取引の仕訳を示しなさい。

(1) 営業用店舗の賃借にあたり，保証金¥500,000と1か月分の家賃¥250,000を普通預金口座から振り込んだ。

(2) 営業用店舗の賃借契約が満了し，保証金¥500,000が現金で返還された。

	借　　　　方	貸　　　　方
(1)		
(2)		

全商

日商

14 有価証券

有価証券の取得と売却 全商2 全経

　売買を目的として，株式や債券（社債・公債など）を取得したときは，取得原価を**有価証券勘定（資産）**の借方に記入し，売却したときは帳簿価額を貸方に記入する。売却価額と帳簿価額に差額が生じたときは，その差額を**有価証券売却益勘定（収益）**または**有価証券売却損勘定（費用）**に記入する。

　帳簿価額より売却価額が高いときは，差額を**有価証券売却益勘定（収益）**の貸方に記入する。

　帳簿価額より売却価額が低いときは，差額を**有価証券売却損勘定（費用）**の借方に記入する。

○取得原価の計算

　株　　　式 … 買入価額（1株の買入価額 × 株式数）＋ 買入手数料

　社債・公債 … 額面総額 × $\dfrac{\text{額面¥100についての買入価額}}{\text{¥100}}$ ＋ 買入手数料

例題 次の取引の仕訳を示しなさい。

(1) 売買目的で茨城商事株式会社の株式20株を1株につき¥70,000で買い入れ，代金は手数料¥40,000とともに小切手を振り出して支払った。

　（借）① (　　　　　　) ② (　　　　　) 　（貸）　当 座 預 金 ② (　　　　　)

(2) 売買目的で埼玉株式会社の額面¥1,000,000の社債を額面¥100につき¥98で買い入れ，代金は買入手数料¥30,000とともに，小切手を振り出して支払った。

　（借）③ (　　　　　　) ④ (　　　　　) 　（貸）　当 座 預 金 ④ (　　　　　)

(3) 売買目的で保有している茨城商事株式会社の株式20株（1株の帳簿価額¥72,000）を1株につき¥76,000で売却し，代金は当店の当座預金口座に振り込まれた。

　（借）　当 座 預 金 ⑤ (　　　　　) 　（貸）　有 価 証 券 　1,440,000
　　　　　　　　　　　　　　　　　　　　　　　　　　⑥ (　　　　　)　　 80,000

---

14 1 次の取引の仕訳を示しなさい。

(1) 売買目的で岩手産業株式会社の株式20株を1株につき¥58,000で買い入れ，代金は小切手を振り出して支払った。

(2) 売買目的で熊本商事株式会社の額面¥2,000,000の社債を額面¥100につき¥99で買い入れ，代金は小切手を振り出して支払った。

(3) 売買目的で株式会社島根商事の株式を¥539,000で購入し，この代金は当社の普通預金口座から支払った。

	借　　　　　方	貸　　　　　方
(1)		
(2)		
(3)		

14 2 次の取引の仕訳を示しなさい。

(1) 売買目的で愛知株式会社の株式10株を1株につき¥55,000で買い入れ，代金は後日支払うこととした。

(2) 売買目的で滋賀商事株式会社の株式20株を1株につき¥88,000で買い入れ，代金は買入手数料¥23,000とともに当社の普通預金から振り込んだ。

(3) 売買目的で岡山商事株式会社の額面¥1,000,000の社債を額面¥100につき¥98で買い入れ，代金は後日支払うこととした。なお，買い入れのための手数料¥12,000は現金で支払った。

	借　　　　方	貸　　　　方
(1)		
(2)		
(3)		

14 3 次の取引の仕訳を示しなさい。

(1) 売買目的で保有している兵庫株式会社の株式(帳簿価額¥1,600,000)を¥1,400,000で売却し，その代金は当座預金口座に振り込まれた。

(2) 売買目的で保有している愛媛商事株式会社の株式40株(1株の帳簿価額¥70,000)を1株につき¥68,000で売却し，代金は当座預金口座に振り込まれた。

(3) 売買目的で保有している高知物産株式会社の株式20株(1株の帳簿価額¥70,000)を1株につき¥72,000で売却し，代金は当座預金口座に振り込まれた。

(4) 売買目的で保有している株式会社香川物産の社債　額面¥5,000,000(額面¥100につき¥98)を，額面¥100につき¥99で売却し，代金は当座預金口座に振り込まれた。

(5) 売買目的で保有している株式会社徳島工業の社債　額面¥3,000,000(額面¥100につき¥98)を，額面¥100につき¥97で売却し，代金は当座預金口座に振り込まれた。

(6) 売買目的で保有している四国運送株式会社の社債　額面¥4,000,000(額面¥100につき¥99)を，額面¥100につき¥97で売却し，代金は後日受け取ることとした。

	借　　　　方	貸　　　　方
(1)		
(2)		
(3)		
(4)		
(5)		
(6)		

15 固定資産

固定資産　全商3　全商2　日商　全経

1 固定資産の種類

　企業が所有している資産のうち，1年をこえる長期にわたって営業活動のために使用するものを固定資産という。固定資産には，次のようなものがある。

① 備　　　品 … 営業用の机・いす，商品陳列ケース，パソコン，金庫，エアコンなど
　　　　　　　　　耐用年数が1年未満のもの，価額が少額（税法では¥100,000未満）のものは，消耗品費勘定（費用）で処理する。
② 建　　　物 … 店舗・事務所・倉庫など営業用の建物
③ 土　　　地 … 店舗や事務所用の敷地など
④ 車両運搬具 … 営業用のトラックや自動車，オートバイなど

2 固定資産の取得と売却

　固定資産を取得（購入）したときは，固定資産の種類ごとに勘定を設けて記帳する。固定資産を取得したときは，取得原価で借方に記入し，売却したときは帳簿価額を貸方に記入する。売却価額と帳簿価額に差額が生じたときは，その差額を**固定資産売却益勘定**（収益）または**固定資産売却損勘定**（費用）に記入する。

　帳簿価額より売却価額が高いときは，差額を**固定資産売却益勘定**（収益）の貸方に記入する。

　帳簿価額より売却価額が低いときは，差額を**固定資産売却損勘定**（費用）の借方に記入する。

○取得原価の計算

　取得原価 ＝ 買入価額 ＋ 付随費用（買入手数料・据付費・登記料・引取運賃など）

例題1 次の取引の仕訳を示しなさい。

(1) 店舗用のエアコン¥350,000を買い入れ，代金は据付費¥20,000とともに現金で支払った。

> 営業に使用するエアコンを取得したときは，備品の借方に記入する

¥350,000 ＋ ¥20,000

(借) ①(　　　　　) ②(　　　　) (貸) 現　　　　金 ②(　　　　)

(2) 商品保管用に倉庫¥2,000,000を買い入れ，代金は月末に支払うことにした。なお，仲介手数料¥100,000は現金で支払った。

¥2,000,000 ＋ ¥100,000

> 商品以外の買い入れによる代金の未払額は，未払金の貸方に記入する

(借) ③(　　　　　) ④(　　　　) (貸) ⑤(　　　　　) 2,000,000
　　　　　　　　　　　　　　　　　　　　現　　　　金 100,000

(3) 帳簿価額¥3,500,000の土地を¥3,800,000で売却し，代金は先方振り出しの小切手で受け取り，ただちに当座預金に預け入れた。

> 売却したときは帳簿価額を貸方に記入する

(借) 当 座 預 金 3,800,000 (貸) ⑥(　　　　　) ⑦(　　　　)

> 帳簿価額¥3,500,000より，売却価額¥3,800,000が高いので差額¥300,000を固定資産売却益の貸方に記入する

固定資産売却益 ⑧(　　　　)

(4) 帳簿価額¥900,000の営業用自動車を¥800,000で売却し，代金は月末に受け取ることとした。

> 商品以外の売却による代金の未収額は，未収入金の借方に記入する

> 帳簿価額¥900,000より，売却価額¥800,000が低いので差額¥100,000を固定資産売却損の借方に記入する

(借) ⑨(　　　　　) 800,000 (貸) ⑩(　　　　　) 900,000
　　⑪(　　　　　) ⑫(　　　　　)

15 1 次の取引の仕訳を示しなさい。

(1) 事務用の金庫を買い入れ，代金¥870,000は小切手を振り出して支払った。

(2) 営業用のトラックを¥1,200,000で買い入れ，代金は月末に支払うことにした。

(3) 店舗用に建物¥7,000,000を購入し，代金は登記料¥200,000と買入手数料¥80,000の合計額と合わせて小切手を振り出して支払った。

(4) 倉庫用の土地¥8,000,000を買い入れ，代金は小切手を振り出して支払った。なお，登記料・地ならし代¥600,000は現金で支払った。

(5) 営業用の土地250㎡を，1㎡あたり¥35,000で購入した。この土地の購入手数料¥300,000は現金で仲介業者に支払い，土地の代金は後日支払うこととした。

(6) 店舗を建てる目的で購入した土地について建設会社に依頼していた整地作業が完了し，その代金¥1,400,000を現金で支払った。

	借　　　　方	貸　　　　方
(1)		
(2)		
(3)		
(4)		
(5)		
(6)		

15 2 次の取引の仕訳を示しなさい。

(1) 帳簿価額¥370,000の備品を¥280,000で売却し，代金は先方振り出しの小切手で受け取った。

(2) 帳簿価額¥9,000,000の建物を¥9,300,000で売却し，代金は先方振り出しの小切手で受け取り，ただちに当座預金とした。

(3) 帳簿価額¥5,500,000の土地を¥6,700,000で売却し，代金は後日受け取ることとした。

(4) 不用となった配達用小型トラックを¥640,000で売却し，代金は現金で受け取った。ただし，この車両の売却時の帳簿価額は¥700,000である。

	借　　　　方	貸　　　　方
(1)		
(2)		
(3)		
(4)		

固定資産台帳 　全商3　日商　全経

所有する固定資産の種類別に明細を記入し，管理する補助簿を**固定資産台帳**という。取得年月日・取得原価・減価償却費などの明細を記入する。なお，減価償却については，22章 (→p.81) にて説明する。

期末時点での保有数

固定資産が使用できるとみられる年数

期首(期中取得)取得原価 − 期首減価償却累計額

固 定 資 産 台 帳
X5 年 3 月31日現在

取　得 年　月　日	名称等	期末 数量	耐用 年数	期首(期中取得) 取　得　原　価	期　　　　首 減価償却累計額	差引期首(期中取得) 帳　簿　価　額	当　　　　期 減 価 償 却 費
建物							
X1 / 4 / 1	建物A	1	22	8,800,000	1,200,000	7,600,000	400,000
備品							
X3 / 4 / 1	備品A	3	6	936,000	156,000	780,000	156,000
X3/ 6 / 1	備品B	2	4	480,000	100,000	380,000	120,000

買入価額 ＋ 付随費用

取得日から当期期首時点までの価値の減少額の合計額

当期中の価値の減少額

例題 2 次の [資料] にもとづいて，(①)〜(⑤) に入る適切な金額または用語を答えなさい。ただし，当社は定額法にもとづき減価償却を行っており，減価償却費は月割り計算によって計上する。なお，当社の決算日は毎年 3 月31日である。

[資料]
固 定 資 産 台 帳
X5 年 3 月31日現在

取　得 年　月　日	名称等	期末 数量	耐用 年数	期首(期中取得) 取　得　原　価	期　　　　首 減価償却累計額	差引期首(期中取得) 帳　簿　価　額	当　　　　期 減 価 償 却 費
備品							
X1 / 4 / 1	備品X	1	8	3,200,000	1,200,000	2,000,000	400,000
X3/11 / 1	備品Y	2	6	1,620,000	112,500	1,507,500	270,000
X4/ 6 / 1	備品Z	3	5	3,000,000	0	3,000,000	500,000
小　　　計				7,820,000	1,312,500	6,507,500	1,170,000

期首X4 年 4 月 1 日時点で保有する備品の取得原価の合計
備品X ¥3,200,000 ＋ 備品Y ¥1,620,000

備　　　　品

日　付		摘　要	借　方	日　付		摘　要	貸　方
X4	4　1	前 期 繰 越	①( )	X5	3　31	次 期 繰 越	7,820,000
	6　1	当 座 預 金	②( )				
			7,820,000				7,820,000

日付から 6 月 1 日は備品Zを購入しているので，備品Zの取得原価¥3,000,000を記入する

期首X4 年 4 月 1 日時点の減価償却累計額の合計を記入
備品X ¥1,200,000 ＋ 備品Y ¥112,500

備品減価償却累計額

日　付		摘　要	借　方	日　付		摘　要	貸　方
X5	3　31	次 期 繰 越	2,482,500	X4	4　1	前 期 繰 越	③( )
				X5	3　31	④( )	⑤( )
			2,482,500				2,482,500

決算日X5 年 3 月31日の決算整理において計上した当期減価償却費¥1,170,000を記入する

15 3 次の［資料］にもとづいて，（ ① ）～（ ⑤ ）に入る適切な金額または用語を答えなさい。
ただし，当社は定額法にもとづき減価償却を行っており，減価償却費は月割り計算によって計上する。なお，当社の決算日は毎年3月31日である。

［資料］

固 定 資 産 台 帳　　　　　　　　X 3 年 3 月31日現在

取得年月日	名称等	期末数量	耐用年数	期首(期中取得)取得原価	期首減価償却累計額	差引期首(期中取得)帳簿価額	当期減価償却費
備品							
X1 4 1	備品A	20	4	6,000,000	1,500,000	4,500,000	1,500,000
X1 11 1	備品B	1	8	1,200,000	62,500	1,137,500	150,000
X2 6 1	備品C	2	5	900,000	0	900,000	150,000
小　計				8,100,000	1,562,500	6,537,500	1,800,000

総 勘 定 元 帳
備　　　　　品

日付	摘要	借方	日付	摘要	貸方
X2 4 1	前 期 繰 越	（ ① ）	X3 3 31	次 期 繰 越	（　　）
6 1	未 払 金	（ ② ）			
		（　　）			（　　）

備品減価償却累計額

日付	摘要	借方	日付	摘要	貸方
X3 3 31	次 期 繰 越	（　　）	X2 4 1	前 期 繰 越	（ ③ ）
			X3 3 31	（ ④ ）	（ ⑤ ）
		（　　）			（　　）

①	￥	②	￥	③	￥
④		⑤	￥		

16 個人企業の資本

▌資本金　全商3

　個人企業の事業主が，元入れや純利益を計上したときは，**資本金勘定(純資産)**の貸方に記入し，事業主が企業(店)の現金や商品などを私用にあてたとき(これを引き出しという)や，純損失を計上したときは，借方に記入する。

資　本　金	
引　出　額 (純　損　失　額) 期　末　資　本 {	出資元入額 追加元入額 純利益額

例題1　次の取引の仕訳を示しなさい。
(1)　現金¥1,000,000を元入れして，営業を開始した。

　　(借)　現　　　　金　1,000,000　(貸) ①(　　　　　　)　1,000,000

> 元入れしたときは，資本金の貸方に記入する

(2)　店主が私用のため現金¥30,000を引き出した。

　　(借) ②(　　　　　)　30,000　(貸)　現　　　　金　30,000

> 店主が私用のために引き出したときは，資本金を借方に記入する

(3)　決算にあたり，当期純利益¥175,000を計上した。

　　(借)　損　　益　175,000　(貸) ③(　　　　　　)　175,000

> 損益勘定から資本金勘定の貸方に振り替える

※損益勘定については，24章で学習する。

16 1　次の取引の仕訳を示しなさい。
(1)　現金¥1,500,000を元入れして，営業を開始した。
(2)　事業拡張のため，現金¥850,000を追加元入れした。
(3)　決算の結果，当期純利益¥123,000を計上した。

	借　　　　方	貸　　　　方
(1)		
(2)		
(3)		

▌引出金　全商2

　資本の引き出しがひんぱんに行われる場合には，**引出金勘定(資本金勘定の評価勘定)**を設けて記帳する。期中に引き出しを行ったときは引出金勘定の借方に記入し，期末に引出金勘定の残高を資本金勘定の借方に振り替え，引出金の整理をする。

例題2　次の取引の仕訳を示しなさい。ただし，引出金勘定を設けて記帳している。
(1)　店主が私用のため現金¥30,000を引き出した。

> 引出金勘定を設けているので，引出金を借方に記入する

　　(借) ①(　　　　　)　30,000　(貸)　現　　　金　30,000

(2)　決算にあたり，引出金勘定残高¥65,000を資本金勘定に振り替えた。

> 引出金の整理は，資本金を借方に記入し，引出金を貸方に記入して資本金を減少させる

　　(借) ②(　　　　　)　65,000　(貸) ③(　　　　　)　65,000

16 2　次の取引の仕訳を示しなさい。ただし，引出金勘定を設けて記帳している。
(1)　事業主が私用のため，店の現金¥20,000を引き出した。
(2)　決算にあたり，引出金勘定残高¥26,000を資本金勘定に振り替えた。

	借　　　　方	貸　　　　方
(1)		
(2)		

17 税金・その他の処理

消費税 〔全商2〕〔日商〕〔全経〕

　商品の販売やサービスの提供に対して，その取引金額に一定の税率を乗じた金額が課せられる。これを消費税という。税抜き方式では，商品を仕入れたさいに消費税を支払ったときは，**仮払消費税勘定（資産）**の借方に記入し，売り上げたさいに消費税を受け取ったときは，**仮受消費税勘定（負債）**の貸方に記入する。企業は決算において，仮払消費税勘定と仮受消費税勘定を相殺し，仮受消費税勘定の残高が多かった場合はその差額を**未払消費税勘定（負債）**の貸方に記入し，後日納付する。

例題 1　次の取引の仕訳を示しなさい。ただし，消費税に関する記帳は税抜き方式で行っている。

(1)　商品¥200,000を仕入れ，代金はその消費税¥20,000とともに現金で支払った。

　　（借）　仕　　　入　　200,000　（貸）　現　　　金　　220,000
　　①(　　　　　　　)　　20,000

> 商品を仕入れたさいに消費税を支払ったときは，仮払消費税の借方に記入する

(2)　商品¥500,000を売り渡し，代金はその消費税¥50,000とともに先方振り出しの小切手で受け取った。

　　（借）　現　　　金　　550,000　（貸）　売　　　上　　500,000
　　　　　　　　　　　　　　　　　　　　②(　　　　　　　)　　50,000

> 商品を売り上げたさいに消費税を受け取ったときは，仮受消費税の貸方に記入する

(3)　決算において，消費税の納付額を計算した。ただし，仮払消費税勘定の残高が¥20,000　仮受消費税勘定の残高が¥50,000ある。

　　（借）　仮受消費税　50,000　（貸）　仮払消費税　20,000
　　　　　　③(　　　　　　　)　④(　　　　　　　)

> 仮払消費税¥20,000と仮受消費税¥50,000の差額¥30,000を未払消費税の貸方に記入する

(4)　消費税の納付額¥30,000を現金で納付した。

　　（借）⑤(　　　　　)　30,000　（貸）　現　　　金　　30,000

> 決算において計算された消費税は，未払消費税の貸方に記入されているので，納付したときは未払消費税の借方に記入する

17　1　次の連続する取引の仕訳を示しなさい。ただし，消費税に関する記帳は税抜き方式で行っており，税率は10%である。

(1)　商品¥560,000を仕入れ，代金はその消費税¥56,000とともに小切手を振り出して支払った。
(2)　商品¥980,000を売り渡し，代金はその消費税とともに先方振り出しの小切手で受け取った。
(3)　決算において，消費税の納付額を計算した。
(4)　消費税の納付額¥42,000を現金で納付した。

	借　　方	貸　　方
(1)		
(2)		
(3)		
(4)		

その他の税金 全商2 日商 全経

1 事業税・固定資産税・印紙税

　企業に課せられる税金のうち，事業税・固定資産税・印紙税などは，税法上，費用計上が認められている税金である。これを企業が納付したときは，**事業税勘定（費用）・固定資産税勘定（費用）・印紙税勘定（費用）または租税公課勘定（費用）**の借方に記入する。ただし，株式会社における事業税については，32章（→p.118）にて説明する。

例題2　次の取引の仕訳を示しなさい。

> 収入印紙を購入したときは，**租税公課（または印紙税）**の借方に記入する

　　収入印紙¥12,000を買い入れ，代金は現金で支払った。
　　(借) ①(　　　　　　) 　　12,000　　(貸) 現　　　金　　　12,000

2 所得税・住民税（全商のみ）

　所得税・住民税は，個人企業においては，企業ではなく事業主（店主）個人に課せられる税金にあたるため，税法上，企業の費用計上が認められていない税金である。事業主（店主）個人に課せられる税金を，企業の現金などで納付したときは，**引出金勘定**で処理する。

例題3　次の取引の仕訳を示しなさい。

> 個人に課せられる税金の納付をしたときは**引出金**で処理する

　　店主の所得税の第1期分¥3,000を店の現金で納付した。
　　(借) ②(　　　　　　) 　　3,000　　(貸) 現　　　金　　　3,000

3 社会保険料（日商のみ）

　健康保険料などの社会保険料は，従業員と企業が双方で負担する。企業が負担する社会保険料を納付したときは，**法定福利費勘定（費用）**の借方に記入する。また，従業員が負担する社会保険料は，給料を支払うときに差し引き**社会保険料預り金（負債）**の貸方に記入する。後日，この金額を納付するときに借方に記入する。

例題4　次の取引の仕訳を示しなさい。

　　従業員から預かった雇用保険料¥70,000と会社負担分¥145,000を合わせて現金で納付した。
　　(借)　社会保険料預り金　　70,000　　(貸) 現　　　金　　215,000
　　　　③(　　　　　　) 　　145,000

> 社会保険料の企業負担分は**法定福利費**の借方に記入する

---

17 2　次の鳥取商店（個人企業）における取引の仕訳を示しなさい。

(1)　店舗に対する固定資産税の第3期分¥20,000を，小切手を振り出して納付した。

(2)　収入印紙¥3,000を購入し，代金は現金で支払った。

(3)　事業税¥10,000を，小切手を振り出して納付した。

(4)　店主の住民税¥6,000を店の現金で納付した。

(5)　店主の所得税の第1期分¥3,000を，店の小切手を振り出して納付した。

(6)　従業員から預かった健康保険料¥180,000と会社負担分¥180,000を合わせて現金で納付した。

	借　　　方	貸　　　方
(1)		
(2)		
(3)		
(4)		
(5)		
(6)		

18 伝 票

3 伝票制　　全商3　日商

伝票とは，取引の内容を記載する一定の形式を備えた紙片で，記帳するさいの基礎資料となる。

取引 ──伝票の作成（起票）──→ 伝 票 ──（転記）──→ 総勘定元帳　補助簿

取引を，入金伝票・出金伝票・振替伝票の3種類の伝票を用いて記録していく方法を3伝票制という。

1 入金伝票

現金の入金（収入）があったときに記入する。入金取引は，仕訳をすると借方の勘定科目が「現金」となる。よって，入金伝票の科目欄には貸方の勘定科目を記入すればよい。

例題1 次の取引を下記の伝票に記入しなさい。

9月8日　米子商店へA品100個　@¥1,000　¥100,000を売り上げ，代金は現金で受け取った。

〔仕訳〕（借）現　　　金　100,000　（貸）売　　　上　100,000 入金伝票に記録（起票）

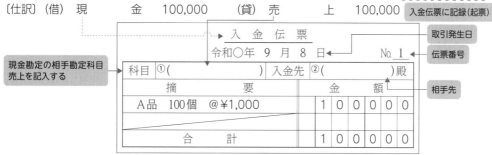

現金勘定の相手勘定科目 売上を記入する

2 出金伝票

現金の出金（支出）があったときに記入する。出金取引は，仕訳をすると貸方の勘定科目が「現金」となる。よって，出金伝票の科目欄には借方の勘定科目を記入すればよい。

例題2 次の取引を下記の伝票に記入しなさい。

9月15日　出雲商店よりB品　200個　@¥400　¥80,000を仕入れ，代金は現金で支払った。

〔仕訳〕（借）仕　　　入　80,000　（貸）現　　　金　80,000 出金伝票に記録（起票）

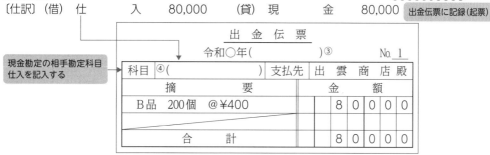

現金勘定の相手勘定科目 仕入を記入する

3 振替伝票

入金取引・出金取引以外の取引を記入する。振替伝票は，仕訳の形式で記入する。

例題3 次の取引を下記の伝票に記入しなさい。

9月25日　松江商店からコンピュータ1台　¥200,000を買い入れ，代金は月末払いとした。

〔仕訳〕（借）備　　　品　200,000　（貸）未　払　金　200,000 貸方勘定科目を記入する

借方勘定科目を記入する

取引の内容（支払条件や取引先など）を記入する

全商

日商

18 1 次の取引を下記の伝票に記入しなさい。

12月24日　宮島商店へA品　300個　@¥600　¥180,000を売り上げ，代金は現金で受け取った。
（伝票番号№.22）

26日　宇部商店からC品　400個　@¥350　¥140,000を仕入れ，代金は現金で支払った。
（伝票番号№.17）

30日　大山商店に，買掛金¥230,000を小切手#24を振り出して支払った。（伝票番号№.9）

<table>
<tr><td colspan="3" align="center">入　金　伝　票</td></tr>
<tr><td colspan="2" align="center">令和○年　　月　　日</td><td>No.___</td></tr>
<tr><td>科目</td><td>入金先</td><td>殿</td></tr>
<tr><td align="center">摘　　　要</td><td colspan="2" align="center">金　額</td></tr>
<tr><td></td><td colspan="2"></td></tr>
<tr><td></td><td colspan="2"></td></tr>
<tr><td align="center">合　　計</td><td colspan="2"></td></tr>
</table>

<table>
<tr><td colspan="3" align="center">出　金　伝　票</td></tr>
<tr><td colspan="2" align="center">令和○年　　月　　日</td><td>No.___</td></tr>
<tr><td>科目</td><td>支払先</td><td>殿</td></tr>
<tr><td align="center">摘　　　要</td><td colspan="2" align="center">金　額</td></tr>
<tr><td></td><td colspan="2"></td></tr>
<tr><td></td><td colspan="2"></td></tr>
<tr><td align="center">合　　計</td><td colspan="2"></td></tr>
</table>

振　替　伝　票				
令和○年　　月　　日				No.___
勘　定　科　目	借　　　方	勘　定　科　目	貸　　　方	
合　　計		合　　計		
摘要　　　　　商店に　　　　　　支払い　小切手#				

18 2 次の取引を下記の伝票に記入しなさい。

12月13日　倉敷商店からA品　250個　@¥500　¥125,000を仕入れ，代金は同店あての約束手形#12を振り出して支払った。（伝票番号№.46）

20日　鳥取商店から商品売買の仲介手数料¥5,000を現金で受け取った。（伝票番号№.50）

24日　下関商店に，買掛金の一部¥90,000を現金で支払った。（伝票番号№.55）

<table>
<tr><td colspan="3" align="center">入　金　伝　票</td></tr>
<tr><td colspan="2" align="center">令和○年　　月　　日</td><td>No.___</td></tr>
<tr><td>科目</td><td>入金先</td><td>殿</td></tr>
<tr><td align="center">摘　　　要</td><td colspan="2" align="center">金　額</td></tr>
<tr><td></td><td colspan="2"></td></tr>
<tr><td align="center">合　　計</td><td colspan="2"></td></tr>
</table>

<table>
<tr><td colspan="3" align="center">出　金　伝　票</td></tr>
<tr><td colspan="2" align="center">令和○年　　月　　日</td><td>No.___</td></tr>
<tr><td>科目</td><td>支払先</td><td>殿</td></tr>
<tr><td align="center">摘　　　要</td><td colspan="2" align="center">金　額</td></tr>
<tr><td></td><td colspan="2"></td></tr>
<tr><td align="center">合　　計</td><td colspan="2"></td></tr>
</table>

振　替　伝　票				
令和○年　　月　　日				No.___
勘　定　科　目	借　　　方	勘　定　科　目	貸　　　方	
合　　計		合　　計		
摘要				

18 3 次の各種伝票の記入を各勘定口座の空欄に転記しなさい。なお，口座の(　)には相手勘定，[　]には金額を記入すること。

入　金　伝　票
令和○年　1　月　11　日　　　No. 12

科目	売　掛　金	入金先	吹田商店殿	
摘　　　　要			金　　額	
売掛金の回収			2 6 0 0 0 0	
合　　　計			2 6 0 0 0 0	

出　金　伝　票
令和○年　1　月　16　日　　　No. 24

科目	前　払　金	支払先	大阪商店殿	
摘　　　　要			金　　額	
A商品注文時の内金支払い			9 0 0 0 0	
合　　　計			9 0 0 0 0	

振　替　伝　票
令和○年　1　月　19　日　　　No. 36

勘　定　科　目	借　　　　方	勘　定　科　目	貸　　　　方
仕　　　　入	4 2 0 0 0 0	前　払　金	9 0 0 0 0
		買　掛　金	3 3 0 0 0 0
合　　　計	4 2 0 0 0 0	合　　　計	4 2 0 0 0 0
摘要	大阪商店からA商品の仕入れ		

〈　〉の番号は伝票のNo.を示す。

現　　　金
1／11（　　　　）〈12〉[　　　　]	1／16（　　　　）〈24〉[　　　　]

売　掛　金
	1／11（　　　　）〈12〉[　　　　]

前　払　金
1／16（　　　　）〈24〉[　　　　]	1／19（　　　　）〈36〉[　　　　]

買　掛　金
	1／19（　　　　）〈36〉[　　　　]

仕　　　入
1／19（　　　　）〈36〉[　　　　]	

18 4 次の有田商店における各取引の伝票記入について，空欄(ア)～(オ)にあてはまる適切な勘定科目または金額を答えなさい。なお，使用しない伝票の解答欄には「記入なし」と答えること。また，商品売買取引の処理は 3 分法によること。

(1) 白浜商店へ商品¥600,000を売り上げ，代金のうち¥150,000は同店振り出しの約束手形で受け取り，残額は同店振り出しの小切手で受け取った。

入 金 伝 票			振 替 伝 票				
科　　目	金　　額		借方科目	金　　額	貸方科目	金　　額
	（　ア　）		（　イ　）	150,000	（　ウ　）	150,000

(2) 今週のはじめに，旅費交通費支払用のICカードに現金¥5,000を入金し，仮払金として処理していた。当店はこのICカードを使用したときに費用に振り替える処理を採用しているが，本日¥3,000分使用した。

出 金 伝 票			振 替 伝 票				
科　　目	金　　額		借方科目	金　　額	貸方科目	金　　額
（　エ　）					（　オ　）	

ア		イ		ウ	
エ		オ			

18 5 次の各取引の伝票記入について，空欄(ア)～(オ)にあてはまる適切な勘定科目または金額を答えなさい。なお，当社では 3 伝票制を採用しており，商品売買取引の処理は 3 分法により行っている。

(1) 商品を¥600,000で仕入れ，代金のうち¥150,000を現金で支払い，残額は掛けとした。

（　　　）伝 票			振 替 伝 票				
科　　目	金　　額		借方科目	金　　額	貸方科目	金　　額
買 掛 金	（　　　）		（　ア　）	（　　　）	（　　　）	（　イ　）

(2) 商品を¥750,000で売り上げ，代金は掛けとした。また，顧客負担の送料¥6,000を現金で支払い，「(ウ)伝票」で掛代金に含める記録を行った。

（　ウ　）伝 票			振 替 伝 票				
科　　目	金　　額		借方科目	金　　額	貸方科目	金　　額
（　エ　）	（　　　）		（　　　）	（　　　）	（　　　）	（　オ　）

ア		イ		ウ	
エ		オ			

仕訳日計表 [全商2] [日商]

　各伝票に記入した取引を勘定科目ごとに集計する表を**仕訳集計表**といい，日にちごとに集計したものを**仕訳日計表**という。一枚の伝票ごとに，総勘定元帳に転記する**個別転記**では，手数がかかり誤りも生じやすくなるので，仕訳集計表から総勘定元帳に，各勘定科目の合計金額で転記する**合計転記**という方法を用いる。なお，補助簿への記入は伝票一枚ごと個別に転記を行う。

例題4　次の2月1日の各伝票(略式)を集計して，仕訳日計表を作成し，仕訳日計表から総勘定元帳の売掛金勘定へ転記しなさい。

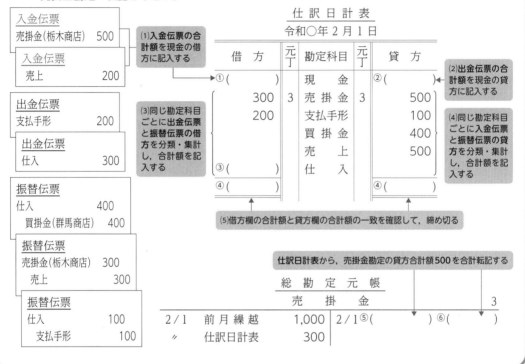

18 6　次の各伝票(略式)を集計して，仕訳日計表(元丁欄省略)を作成しなさい。

入金伝票	
売掛金	200,000

入金伝票	
売上	50,000

出金伝票	
当座預金	100,000

出金伝票	
仕入	30,000

振替伝票	
仕入	400,000
買掛金	400,000

振替伝票	
売掛金	500,000
売上	500,000

振替伝票	
当座預金	250,000
売上	250,000

仕 訳 日 計 表

借　　方	勘 定 科 目	貸　　方
	現　　　　　金	
	当 座 預 金	
	売　　掛　　金	
	買　　掛　　金	
	売　　　　　上	
	仕　　　　　入	

18. 伝 票　71

18 7 山口株式会社は，日々の取引を入金伝票，出金伝票および振替伝票に記入し，これを 1 日分ずつ集計して仕訳日計表を作成している。下記に示された山口株式会社の12月 1 日の伝票にもとづき，仕訳日計表を作成しなさい。

入金伝票	No.101
売　上	10,000

入金伝票	No.102
受取手数料	12,000

出金伝票	No.201
仕　入	5,000

出金伝票	No.202
仕　入	8,000

振替伝票	No.301
売掛金	90,000
売　上	90,000

振替伝票	No.302
仕　入	55,000
買掛金	55,000

仕 訳 日 計 表
令和○年12月 1 日

借　　方	勘 定 科 目	貸　　方
	現　　　　　金	
	売　　掛　　金	
	買　　掛　　金	
	売　　　　　上	
	受 取 手 数 料	
	仕　　　　　入	

※元丁欄は省略している。

18 8 北海道商事株式会社は，日々の取引を入金伝票，出金伝票および振替伝票の 3 伝票に記入し，これを 1 日分ずつ集計して仕訳日計表を作成し，この仕訳日計表から総勘定元帳に転記している。同社の11月 1 日の取引について作成された次の各伝票(略式)にもとづいて，仕訳日計表を作成し，総勘定元帳の現金勘定へ転記しなさい。

入金伝票	No.101
売掛金(札幌商店)	30,000

入金伝票	No.102
売　上	50,000

出金伝票	No.201
買掛金(旭川商店)	23,000

出金伝票	No.202
買掛金(千歳商店)	16,000

出金伝票	No.203
水道光熱費	8,000

振替伝票	No.301
売掛金(札幌商店)	80,000
売　上	80,000

振替伝票	No.302
受取手形	24,000
売掛金(千歳商店)	24,000

振替伝票	No.303
仕　入	78,000
買掛金(旭川商店)	78,000

仕 訳 日 計 表
令和○年11月 1 日

借　　方	勘 定 科 目	貸　　方
	現　　　　　金	
	受　取　手　形	
	売　　掛　　金	
	買　　掛　　金	
	売　　　　　上	
	仕　　　　　入	
	水 道 光 熱 費	

※元丁欄は省略している。

総 勘 定 元 帳
現　　金

11/1	前 月 繰 越	78,000	11/1	仕訳日計表（　　　　）	
〃	仕訳日計表（　　　　）				

全商

日商

19 証ひょう

証ひょう [全商3] [日商] [全経]

取引の事実を証明する書類を**証ひょう**といい，取引の記帳はこの証ひょうをもとに行う。

1 商品売買における証ひょうの種類

納品書 … 商品(物品)を納品したことを証明する書類

請求書 … 金銭の支払いを請求する書類

売上集計表 … 一定期間における商品の売上金額を集計するために作成する書類

領収書 … 金銭の受け渡しが行われたことを証明する書類

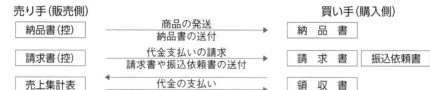

売り手(販売側)		買い手(購入側)
納品書(控)	商品の発送 納品書の送付 →	納 品 書
請求書(控)	代金支払いの請求 請求書や振込依頼書の送付 →	請 求 書 / 振込依頼書
売上集計表	← 代金の支払い 領収書の送付	領 収 書

例題1 商品を仕入れ，品物とともに次の納品書を受け取り，代金は後日支払うこととした。よって，必要な仕訳を示しなさい。なお，消費税については，税抜方式で記帳している。

納 品 書　　　　　令和○年10月1日

広島株式会社 御中

埼玉株式会社

品　物	数量	単価	金　額
Tシャツ　Mサイズ	10	2,400	¥24,000
Tシャツ　Lサイズ	10	2,600	¥26,000
	消費税		¥ 5,000
	合　計		¥55,000

納品書の受け取りは買い手(購入側)にあたるので，仕入を計上する

商品の代金 24,000＋26,000＝50,000(税抜価格)

(借) ①(　　　　　　) ②(　　　　　) (貸) 買　掛　金　　55,000

　　　仮 払 消 費 税　　5,000

2 その他の証ひょう等

税金の納付書 … 納税額や税金の種類など，納める税金についての内訳がしるされている書類

振込依頼書 … 振込金額や口座など，振込の依頼について記載された書類

当座勘定照合表 … 当座預金口座の入出金の明細を記載した書類

入出金明細書 … 普通預金口座や定期預金口座などの，入出金の明細を記載した書類

旅費交通費報告書 … 従業員が立て替えた旅費や交通費の精算のための報告書類

例題2 取引銀行のインターネットバンキングサービスから普通預金口座のWEB通帳(入出金明細)を参照したところ，次のとおりであった。よって，各取引日において必要な仕訳を示しなさい。なお，株式会社高知食品は，当社の取引先であり，商品売買取引はすべて掛けで行っている。

入 出 金 明 細 書　　　令和○年7月20日

日付	内　容	出金金額	入金金額	取引残高
7．6	ATM入金		250,000	省略
7．7	振込 カ)コウチショクヒン	600,000		
⋮	⋮	⋮	⋮	

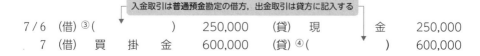

入金取引は**普通預金**勘定の借方，出金取引は貸方に記入する

7/6 (借) ③(　　　　　　) 250,000 (貸) 現　　　　金 250,000

　7 (借) 買　掛　金 600,000 (貸) ④(　　　　　　) 600,000

19 1 次の取引の仕訳を示しなさい。

(1) 商品を仕入れ，品物とともに次の納品書を受け取り，代金は後日支払うこととした。なお，消費税については，税抜方式で記帳している。

納　品　書			令和○年8月10日
徳島物産株式会社　御中			株式会社品川商事
品　　　物	数量	単価	金　額
薄型電卓	60	1,700	¥ 102,000
12桁電卓	40	2,000	¥　80,000
	消　費　税		¥　18,200
	合　　　計		¥ 200,200

(2) 事務作業に使用する物品を購入し，品物とともに次の請求書を受け取り，代金は後日支払うこととした。

請　求　書			令和○年5月8日
石川商店　御中			株式会社福井産業
品　　　物	数量	単価	金　額
印刷用紙(500枚入)	10	600	¥　6,000
プリンタ専用インク	5	10,000	¥ 50,000
送料	－	－	¥　1,000
		合　　　計	¥ 57,000

令和○年5月24日までに合計額を下記口座にお振り込みください。
鯖江銀行西支店　普通 1122419　　カ)フクイサンギョウ

(3) 事務作業に使用する物品を購入し，品物とともに次の領収書を受け取った。なお，代金はすでに支払い済みであり，仮払金勘定で処理してある。

領　収　書			令和○年9月15日
京都株式会社　御中			株式会社奈良工業
品　　　物	数量	単価	金　額
パーソナルコンピュータ	10	310,000	¥ 3,100,000
配送料	－	－	¥　12,000
セッティング作業	10	800	¥　8,000
		合　　　計	¥ 3,120,000

上記の合計額を領収いたしました。　　　　　　収入印紙
㊞ 1,000円

	借　　　　方	貸　　　　方
(1)		
(2)		
(3)		

スピードマスター精選簿記演習
改訂版

解答編

実教出版

◆ 簿記の基礎

1 資産・負債・資本 (p.2)

例題
①売掛金 ②貸付金 ③商品 ④建物 ⑤備品 ⑥土地
⑦1,900 ⑧買掛金 ⑨借入金 ⑩1,100 ⑪資本金
⑫800 ※①〜⑥，⑧・⑨は順不同。

●1-1
1. 商　　品（A）　　2. 資　本　金（C）
3. 買　掛　金（B）　4. 備　　品（A）
5. 現　　金（A）　　6. 売　掛　金（A）
7. 貸　付　金（A）　8. 建　　物（A）
9. 借　入　金（B）　10. 土　　地（A）

●1-2

資産の総額❶¥　1,000,000	負債の総額❷¥　　770,000
資本の金額❸¥　　230,000	

解説 ❶資産の総額は，現金¥50,000，売掛金¥60,000，商品¥110,000，建物¥300,000，備品¥80,000，土地¥400,000の合計額¥1,000,000となる。
❷負債の総額は，買掛金¥90,000，借入金¥680,000の合計額¥770,000となる。
❸資本の金額は，資産の総額−負債の総額で求めるので，¥1,000,000−¥770,000＝¥230,000となる。

2 収益・費用 (p.3)

例題
①給料 ②広告料 ③支払家賃 ④通信費 ⑤水道光熱費
⑥雑費 ⑦支払利息 ⑧2,500 ⑨売上高 ⑩受取手数料
⑪受取利息 ⑫3,000 ※①〜⑦，⑨〜⑪は順不同。

●2-1
1. 給　　料（E）　　2. 広　告　料（E）
3. 売　上　高（D）　4. 支　払　家　賃（E）
5. 通　信　費（E）　6. 水道光熱費（E）
7. 受取手数料（D）　8. 雑　　費（E）
9. 支　払　利　息（E）　10. 売上原価（E）
11. 受取利息（D）

●2-2

収益総額❶¥　207,000	費用総額❷¥　157,000

解説 ❶収益総額は，売上高¥200,000，受取手数料¥5,000，受取利息¥2,000の合計額¥207,000となる。
❷費用総額は，売上原価¥130,000，給料¥13,000，広告料¥5,000，支払家賃¥8,000，支払利息¥1,000の合計額¥157,000となる。

3 貸借対照表・損益計算書 (p.4)

例題 1
①札幌 ②1月1日 ③現金 ④50,000 ⑤備品
⑥借入金 ⑦40,000 ⑧資本金 ⑨150,000 ⑩190,000

●3-1

貸 借 対 照 表

（東　北）商店　　令和○年（1）月（1）日　　（単位：円）

資　産	金　額	負債・純資産	金　額
（現　　金）	（　100,000）	（借 入 金）	（　450,000）
（商　　品）	（　650,000）	資 本 金	（　500,000）
（備　　品）	（　200,000）		
	（　950,000）		（　950,000）

解説 現金，商品，備品は資産に表示し，借入金は負債に表示する。資産の額から負債の額を差し引いた額を資本金として表示する。

●3-2

貸 借 対 照 表

（関　東）商店　　令和○年（1）月（1）日　　（単位：円）

資　産	金　額	負債・純資産	金　額
現　　金	120,000	買 掛 金	170,000
売 掛 金	160,000	借 入 金	180,000
商　　品	230,000	資 本 金	❶ 800,000
建　　物	500,000		
備　　品	140,000		
	1,150,000		1,150,000

解説 ❶資産・負債の分類を間違えないように行い，資産の額から負債の額を差し引いて，資本金として表示する。

例題 2
①150,000 ②160,000 ③利益 ④10,000 ⑤40,000
⑥売掛金 ⑦70,000 ⑧買掛金 ⑨50,000 ⑩150,000
⑪当期純利益

●3-3

	期　　首		
	資　　産	負　　債	資　　本
(1)	150,000	70,000	❶　80,000
(2)	190,000	❻ 50,000	❺ 140,000
(3)	200,000	40,000	❼ 160,000
(4)	230,000	120,000	❿ 110,000

	期　　末		
	資　　産	負　　債	資　　本
(1)	180,000	80,000	❷ 100,000
(2)	210,000	60,000	❹ 150,000
(3)	❾ 260,000	70,000	❽ 190,000
(4)	220,000	130,000	⓫ 90,000

	当期純利益	当期純損失
(1)	❸　20,000	
(2)	10,000	
(3)	30,000	
(4)		⓬　20,000

解説 次の等式にもとづいて計算する。
期首資産−期首負債＝期首資本
期末資産−期末負債＝期末資本
期末資本−期首資本＝当期純利益
　　　　（マイナスのときは当期純損失）
❶¥150,000−¥70,000＝¥80,000
❷¥180,000−¥80,000＝¥100,000
❸¥100,000❷−¥80,000❶＝¥20,000
❹¥210,000−¥60,000＝¥150,000
❺¥150,000❹−¥10,000＝¥140,000
❻¥190,000−¥140,000❺＝¥50,000
❼¥200,000−¥40,000＝¥160,000
❽¥160,000❼＋¥30,000＝¥190,000

❾ ¥70,000 ＋ ¥190,000❽ ＝ ¥260,000
❿ ¥230,000 － ¥120,000 ＝ ¥110,000
⓫ ¥220,000 － ¥130,000 ＝ ¥90,000
⓬ ¥90,000⓫ － ¥110,000❿ ＝ － ¥20,000

●3-4

貸 借 対 照 表

(仙 台)商店　　令和○年(1)月(1)日　　（単位：円）

資　　産	金　　額	負債・純資産	金　　額
現　　　　金	700,000	買　掛　金	500,000
売　掛　金	1,400,000	資　本　金	2,000,000
商　　　品	200,000		
貸　付　金	200,000		
	2,500,000		2,500,000

貸 借 対 照 表

(仙 台)商店　　令和○年(12)月(31)日　　（単位：円）

資　　産	金　　額	負債・純資産	金　　額
現　　　　金	600,000	買　掛　金	900,000
売　掛　金	1,500,000	借　入　金	2,800,000
商　　　品	100,000	資　本　金	❶ 2,000,000
建　　　物	1,000,000	当期純利益	❷ 300,000
備　　　品	800,000		
土　　　地	2,000,000		
	6,000,000		6,000,000

解説　❶資本金の額は，期首資本の額(本問では期首貸借対照表の資本金の額)を記入する。
❷資産の総額から負債の総額と資本金の額を差し引いた残額が当期純利益となる。

●3-5

	期首資産	期首負債	期首資本
(1)	755,000	305,000	❶ 450,000
(2)	960,000	❹ 250,000	710,000
(3)	580,000	❽ 380,000	❼ 200,000
(4)	⓫ 940,000	240,000	❿ 700,000
(5)	695,000	295,000	⓭ 400,000

	期末資産	期末負債	期末資本
(1)	960,000	310,000	❷ 650,000
(2)	❺ 1,120,000	220,000	900,000
(3)	❾ 750,000	460,000	290,000
(4)	890,000	⓬ 350,000	540,000
(5)	850,000	⓯ 570,000	280,000

	当期純利益	当期純損失
(1)	❸ 200,000	
(2)	❻ 190,000	
(3)	90,000	
(4)		160,000
(5)		⓮ 120,000

解説　次の等式にもとづいて計算する。
　　期首資産－期首負債＝期首資本
　　期末資産－期末負債＝期末資本
　　期末資本－期首資本＝当期純利益
　　　　　　　（マイナスのときは当期純損失）
❶ ¥755,000 － ¥305,000 ＝ ¥450,000
❷ ¥960,000 － ¥310,000 ＝ ¥650,000
❸ ¥650,000❷ － ¥450,000❶ ＝ ¥200,000
❹ ¥960,000 － ¥710,000 ＝ ¥250,000
❺ ¥220,000 ＋ ¥900,000 ＝ ¥1,120,000
❻ ¥900,000 － ¥710,000 ＝ ¥190,000
❼ ¥290,000 － ¥90,000 ＝ ¥200,000
❽ ¥580,000 － ¥200,000❼ ＝ ¥380,000
❾ ¥460,000 ＋ ¥290,000 ＝ ¥750,000

❿ ¥540,000 ＋ ¥160,000 ＝ ¥700,000
⓫ ¥240,000 ＋ ¥700,000❿ ＝ ¥940,000
⓬ ¥890,000 － ¥540,000 ＝ ¥350,000
⓭ ¥695,000 － ¥295,000 ＝ ¥400,000
⓮ ¥280,000 － ¥400,000⓭ ＝ － ¥120,000
⓯ ¥850,000 － ¥280,000 ＝ ¥570,000

例題 3
①札幌　②令和○年 1 月 1 日から令和○年12月31日まで
③売上原価　④50,000　⑤雑費　⑥10,000
⑦当期純利益　⑧10,000　⑨売上高　⑩100,000
⑪受取手数料　⑫20,000

●3-6

損 益 計 算 書

(東　北)商店　令和○年(1)月(1)日から令和○年(12)月(31)日まで　（単位：円）

費　　用	金　　額	収　　益	金　　額
(売上原価)	(110,000)	(売　上　高)	(190,000)
(給　　料)	(30,000)	(受取手数料)	(30,000)
(広　告　料)	(20,000)		
(支払家賃)	(30,000)		
(雑　　費)	(10,000)		
当期純利益	(❶ 20,000)		
	(220,000)		(220,000)

解説　❶収益・費用の分類を間違えないように行い，収益総額から費用総額を差し引いた額を当期純利益に記入する。

●3-7

損 益 計 算 書

(関　東)商店　令和○年(1)月(1)日から令和○年(12)月(31)日まで　（単位：円）

費　　用❷	金　　額	収　　益❶	金　　額
売 上 原 価	90,000	売　上　高	150,000
給　　料	30,000	受取手数料	30,000
広　告　料	10,000	受取利息	10,000
支 払 家 賃	20,000		
雑　　費	10,000		
当期純利益	❸ 30,000		
	190,000		190,000

解説　❶売上高，受取手数料，受取利息は収益となる。
❷売上原価，給料，広告料，支払家賃，雑費は費用となる。
❸収益総額から費用総額を差し引いた額を当期純利益として表示する。

●3-8

	収益総額	費用総額	当期純利益	当期純損失
(1)	500,000	300,000	❶ 200,000	
(2)	800,000	❷ 500,000	300,000	
(3)	❸ 700,000	800,000		100,000

解説　次の等式にもとづいて計算する。
　　収益総額－費用総額＝当期純利益
　　　　　　　（マイナスのときは当期純損失）
❶ ¥500,000 － ¥300,000 ＝ ¥200,000
❷ ¥800,000 － ¥300,000 ＝ ¥500,000
❸ ¥800,000 － ¥100,000 ＝ ¥700,000

例題 4
①6,000　②2,000　③8,000　④13,000

●3-9

	期首資本	期　　末		
		資　産	負　債	資　本
(1)	700,000	1,580,000	❸ 640,000	❷ 940,000
(2)	❻ 630,000	❹ 940,000	400,000	540,000
(3)	750,000	❼ 1,220,000	350,000	870,000

	収益総額	費用総額	当期純利益	当期純損失
(1)	❶ 890,000	650,000	240,000	
(2)	680,000	❺ 770,000		90,000
(3)	875,000	❾ 755,000	❽ 120,000	

解説 次の等式にもとづいて計算する。
収益総額−費用総額＝当期純利益
　　　　　　　（マイナスのときは当期純損失）
期首資産−期首負債＝期首資本
期末資産−期末負債＝期末資本
期首資本＋当期純利益(当期純損失のときはマイナス)
　＝期末資本
❶¥650,000＋¥240,000＝¥890,000
❷¥700,000＋¥240,000＝¥940,000
❸¥1,580,000−¥940,000❷＝¥640,000
❹¥400,000＋¥540,000＝¥940,000
❺¥680,000＋¥90,000＝¥770,000
❻¥540,000＋¥90,000＝¥630,000
❼¥350,000＋¥870,000＝¥1,220,000
❽¥870,000−¥750,000＝¥120,000
❾¥875,000−¥120,000❽＝¥755,000

●3-10
(1)

収益総額❶¥	2,474,000	費用総額❷¥	2,274,000
当期純(利益)❸¥	200,000	期末資産総額❹¥	1,919,000
期末負債総額❺¥	719,000	期 末 資 本❻¥	1,200,000
期首資本❼¥	1,000,000		

(2)

貸 借 対 照 表
(福 島)商店　令和○年(12)月(31)日　(単位：円)

資　産	金　額	負債・純資産	金　額
現　　金	374,000	買 掛 金	519,000
売 掛 金	682,000	借 入 金	200,000
商　　品	563,000	資 本 金	1,000,000
備　　品	300,000	当期純利益	200,000
	1,919,000		1,919,000

損 益 計 算 書
(福 島)商店　令和○年(1)月(1)日から令和○年(12)月(31)日まで　(単位：円)

費　用	金　額	収　益	金　額
売 上 原 価	1,170,000	売 上 高	2,340,000
給　　料	750,000	受取手数料	134,000
広 告 料	138,000		
支 払 家 賃	180,000		
雑　　費	20,000		
支 払 利 息	16,000		
当期純利益	200,000		
	2,474,000		2,474,000

解説 ❶売上高，受取手数料の合計額である。
　　❷売上原価，給料，広告料，支払家賃，雑費，支払利息の合計額である。
　　❸収益総額❶から費用総額❷を差し引いた金額である。

❹現金，売掛金，商品，備品の合計額である。
❺買掛金，借入金の合計額である。
❻期末資産総額❹から期末負債総額❺を差し引いた金額である。
❼期末資本❻から当期純利益❸を差し引いた金額である。

④ 取引と勘定 (p.10)

例題 1
1. A　2. A　3. A　4. D　5. E　6. A　7. E
8. E　9. B　10. C　11. E　12. D　13. E　14. E
15. A　16. D　17. B　18. E

例題 2
①500,000　②100,000　③320,000　④150,000
⑤30,000　⑥200,000　⑦320,000　⑧150,000
⑨210,000　⑩500,000　⑪300,000　⑫210,000
⑬30,000

●4-1

	借 方 要 素	貸 方 要 素
4/1	現　　金(資産)の増加 900,000	資 本 金(資本)の増加 900,000
10	仕　　入(費用)の発生 600,000	買 掛 金(負債)の増加 600,000
15	現　　金(資産)の増加 200,000 売 掛 金(資産)の増加 300,000	売　　上(収益)の発生 500,000
20	買 掛 金(負債)の減少 300,000	現　　金(資産)の減少 300,000
25	広 告 料(費用)の発生 50,000	現　　金(資産)の減少 50,000

解説 ❶商品は販売されて売上原価という費用になるので，仕入れたときにいったん仕入という費用の発生として借方要素に記録する。また，仕入代金は掛けとしたので，買掛金という負債の増加として貸方要素に記録する。以下，同様に取引の内容から資産・負債・資本・収益・費用のどのような勘定が記入されるかを判断して解答する。

●4-2

	借 方 要 素	貸 方 要 素
4/1	現　　金(資産)の増加 500,000	資 本 金(資本)の増加 500,000
4	仕　　入(費用)の発生 270,000	買 掛 金(負債)の増加 270,000
9	売 掛 金(資産)の増加 180,000	売　　上(収益)の発生 180,000
11	備　　品(資産)の増加 320,000	現　　金(資産)の減少 320,000
16	現　　金(資産)の増加 60,000	受取手数料(収益)の発生 60,000
19	現　　金(資産)の増加 372,000 支払利息(費用)の発生 28,000	借 入 金(負債)の増加 400,000
26	買 掛 金(負債)の減少 150,000	現　　金(資産)の減少 150,000
30	支払家賃(費用)の発生 30,000	現　　金(資産)の減少 30,000

解説 各文の内容から，その取引要素を考え(「資産の増加」「資産の減少」「負債の増加」「負債の減少」「資本の増加」「資本の減少」「収益の発生」「費用の発生」の八つのなかから組み合わせを考える)，その取引要素は借方要素か貸方要素かを判断して解答していく。

●4-3

現　金

❶ 4/1 500,000	4/11 320,000
16 60,000	26 150,000
19 372,000	30 30,000

売 掛 金

4/9 180,000	

備　品

4/11 320,000	

買 掛 金

4/26 150,000	4/4 270,000

借 入 金

	4/19 400,000

4

<table>
<tr><td colspan="2">資　本　金</td><td colspan="2">売　　上</td></tr>
</table>

	4/1 500,000

	4/9 180,000

受取手数料

	4/16 60,000

仕　入

4/4 270,000	

支払家賃

4/30 30,000	

支払利息

4/19 28,000	

解説 ❶現金は資産であり，その増加は借方要素であるので，現金の勘定口座の借方に記入する。以下同様に考えて解答する。

5 仕訳と転記 (p.13)

例題1
①仕入 ②50,000 ③買掛金

●5-1

	借　　方		貸　　方		
1/1	現　　金	500,000	資　本　金	500,000	❶
5	現　　金	100,000	借　入　金	100,000	
8	仕　　入	200,000	買　掛　金	200,000	
13	現　　金	90,000	売　　上	290,000	
	売　掛　金	200,000			
24	給　　料	80,000	現　　金	80,000	
25	買　掛　金	150,000	現　　金	150,000	

現　金　1

1/1 500,000	1/24 80,000
5 100,000	25 150,000
13 90,000	

売　掛　金　2

1/13 200,000	

買　掛　金　3

1/25 150,000	1/8 200,000

借　入　金　4

	1/5 100,000

資　本　金　5

	1/1 500,000

売　　上　6

	1/13 290,000

仕　　入　7

1/8 200,000	

給　　料　8

1/24 80,000	

解説 ❶会社から見れば，「会社に現金の出資を受けて，営業を開始した」となるので，現金の増加と資本金の増加という取引になる。

例題2
①売上 ②売上 ③諸口

●5-2

	借　　方		貸　　方	
7/1	現　　金	600,000	資　本　金	600,000
2	仕　　入	300,000	現　　金	100,000
			買　掛　金	200,000
8	備　　品	280,000	現　　金	280,000
11	現　　金	80,000	売　　上	260,000
	売　掛　金	180,000		
17	現　　金	50,000	受取手数料	50,000
25	現　　金	140,000	売　掛　金	140,000

現　金　1

❶ 7/1 資　本　金 600,000	7/2 仕　入 100,000
11 売　上 80,000	8 備　品 280,000
17 受取手数料 50,000	
25 売　掛　金 140,000	

売　掛　金　2

7/11 売　上 180,000	7/25 現　金 140,000

備　品　3

7/8 現　金 280,000	

買　掛　金　4

	7/2 仕　入 200,000

資　本　金　5

	7/1 現　金 600,000

売　　上　6

	7/11 諸　口 260,000

受　取　手　数　料　7

	7/17 現　金 50,000

仕　　入　8

❷ 7/2 諸　口 300,000	

解説 ❶現金に転記したときの相手科目は「資本金」となる。
❷仕入に転記したときの相手科目は複数なので「諸口」となる。

◆取引の記帳

6 現 金 (p.15)

例題 1
①現金　②40,000　③240,000　④20,000　⑤220,000

●6-1

	借 方		貸 方	
1/28	現　金 ❶	30,000	売 掛 金	30,000
30	現　金 ❷	15,000	受取手数料	15,000
31	仕　入	130,000	現　金	100,000
			買 掛 金	30,000

解説 ❶同店とは太田商店を指すので，この小切手は他人振り出しの小切手となり，現金勘定で処理する。
❷送金小切手の受け取りは現金勘定で処理する。

●6-2

現 金 出 納 帳

2

令和○年		摘　要 ❶	収 入	支 出	残 高
		前ページから	1,250,000	925,000	325,000
1	28	太田商店から売掛金回収　小切手受け取り	30,000		355,000
	30	谷中商店から仲介手数料，送金小切手受け取り	15,000		370,000
	31	根津商店から仕入れ，一部現金で支払い		100,000	270,000
	〃	次月繰越		270,000	
			1,295,000	1,295,000	
2	1	前月繰越	270,000		270,000

解説 ❶摘要欄の書き方に，統一された決まりはないが，取引のポイントになると思われることを短く書く。

例題 2
①現金　②現金過不足　③現金過不足　④通信費　⑤雑損

●6-3

	借 方		貸 方	
(1)	現　金	4,000	現金過不足	4,000
(2)	現金過不足	3,000	受 取 利 息	3,000
(3)	現金過不足	1,000	雑　益	1,000

●6-4

	借 方		貸 方		
(1)	現金過不足	9,000	現　金	9,000	
(2)	現金過不足	4,000	現　金	4,000	❶
(3)	現金過不足	4,500	受 取 利 息	4,500	
(4)	現　金	5,000	現金過不足	5,000	
(5)	現　金	12,000	現金過不足	12,000	
(6)	発 送 費	18,000	現金過不足	32,000	
	旅費交通費	15,000	受取手数料	9,000	
	雑　損 ❷	8,000			

解説 ❶実際有高が帳簿残高より¥4,000不足しているので，貸方に「現金」と記入して帳簿残高を実際有高に一致させる。借方には「現金過不足」を記入する。
❷雑損の金額は借方に記入された「発送費」と「旅費交通費」の合計額と貸方に記入された「現金過不足」と「受取手数料」の合計額との差額である。

7 当座預金 (p.18)

例題 1，2
①当座預金　②当座預金　③当座預金
④ 当座預金新東海銀行　⑤当座預金新日本銀行

●7-1

	借 方		貸 方	
(1)	備　品	80,000	当座預金	80,000
(2)	当座預金	200,000	売 掛 金	200,000
(3)	買 掛 金	100,000	当座預金新神奈川銀行 ❶	100,000

解説 ❶問題の指示により，当座預金に銀行名を付した勘定科目「当座預金新神奈川銀行」を用いる。

例題 3，4
①300,000　②当座預金　③90,000　④230,000
⑤当座借越　⑥70,000　⑦当座借越　⑧70,000
⑨当座預金

●7-2

	借 方		貸 方	
(1)	仕　入	280,000	当座預金	190,000
			当座借越 ❶	90,000
(2)	当 座 借 越	60,000	売 掛 金	170,000
	当 座 預 金 ❷	110,000		
(3)	買 掛 金	380,000	当座預金	380,000

解説 ❶振り出した小切手の金額が当座預金の残高をこえた金額は「当座借越」勘定を用いて処理する。
❷当座借越がある場合，当座預金に預け入れたときに自動的に返済されるので，残額のみを当座預金とする。

例題 5
①300,000　②貸　③70,000　④90,000　⑤借

●7-3

	借 方		貸 方	
7/21	買 掛 金	140,000	当座預金	140,000
25	仕　入	120,000	当座預金 ❶	120,000
31	当 座 預 金 ❷	280,000	売 掛 金	280,000

令和〇年		摘　要	預　入	引　出	借または貸	残　高
		前ページから	950,000	780,000	借	170,000
7	21	富山商店に買掛金支払い　小切手#8		140,000	〃	30,000
	25	福井商店から商品仕入れ　小切手#9		120,000	貸❸	90,000
	31	群馬商店から売掛金回収	280,000		借❹	190,000
	〃	次月繰越		190,000		
			1,230,000	1,230,000		

解説▶ ❶問題の指示により，当座預金の残高をこえた金額も含めて当座預金勘定のみで処理する。
❷問題の指示により，当座借越があっても，預け入れた金額を当座預金勘定で処理する。
❸当座借越が生じたときは「貸」と記入する。
❹当座借越が自動的に返済され，当座預金となったので「借」と記入する。

●7-4

	借　方		貸　方	
(1)	当座借越❶	320,000	売　掛　金	530,000
	当座預金	210,000		
(2)	備　品	420,000	当座預金	340,000
			当座借越❷	80,000
(3)	備　品	420,000	当座預金❸	420,000
(4)	当座預金東西銀行❹	300,000	現　金	600,000
	当座預金北南信用金庫	300,000		
(5)	当座預金東西銀行	90,000	借　入　金❺	90,000

解説▶ ❶当座借越勘定の残高があることから，「当座借越」勘定を用いて処理する。
❷問題の指示により，当座預金の残高をこえた金額は「当座借越」勘定で処理する。
❸問題の指示により，当座預金の残高をこえた金額も含めて「当座預金」勘定で処理する。
❹問題の指示により，銀行名を付した当座預金勘定で処理する。
❺当座預金の貸方残高は，当座借越を意味しているので，決算にあたり「借入金」勘定に振り替える。

例題6
①定期預金　②普通預金新埼玉銀行

●7-5

借　方		貸　方	
普通預金❶	500,000	現　金	500,000

解説▶ ❶預金については，それぞれの預金の勘定口座を設けて記帳する。

8 小口現金 (p.22)

例題1
①小口現金　②通信費　③雑費　④小口現金　⑤小口現金

●8-1

	借　方		貸　方	
(1)	小口現金	50,000	当座預金	50,000
(2)	交通費	20,000	小口現金	38,000
	通信費	10,000		
	消耗品費	8,000		
(3)	小口現金	38,000	当座預金	38,000

●8-2

借　方		貸　方	
交通費	20,000	当座預金	38,000
通信費	10,000		
消耗品費	8,000		

解説▶ 前問の(2)と(3)の仕訳をあわせ，借方と貸方の小口現金を相殺して考えればよい。
(2) (借)交通費 20,000　(貸)小口現金 38,000
　　　通信費 10,000
　　　消耗品費 8,000
(3) (借)小口現金 38,000　(貸)当座預金 38,000

例題2
①24,000　②30,000

●8-3

小口現金出納帳

受　入	令和〇年		摘　要	支　払	内訳 通信費	消耗品費	交通費	雑費	残　高
25,000	8	1	前月繰越						25,000
		5	バス回数券	(2,000)			(2,000)		(23,000)
		8	郵便切手	(3,000)	(3,000)				(20,000)
		13	タクシー代	(6,000)			(6,000)		(14,000)
		20	ボールペン	(5,000)		(5,000)			(9,000)
		25	伝票・帳簿	(4,000)		(4,000)			(5,000)
		28	新聞代	(3,000)				(3,000)	(2,000)
			合　計	(23,000)	(3,000)	(9,000)	(8,000)	(3,000)	
(23,000)		31	小切手#9						25,000
		〃	次月繰越	(25,000)					
(48,000)				(48,000)					

小 口 現 金 出 納 帳

受 入	令和○年		摘 要	支 払	内　訳 通信費	消耗品費	交通費	雑 費	残 高
30,000	8	1	前 月 繰 越						30,000
		4	プリンターインク	6,000		❶ 6,000			24,000
		7	郵便はがき	2,000	2,000				22,000
		15	タクシー代	9,000			9,000		13,000
		21	バス回数券	4,000			4,000		9,000
		26	伝票・帳簿	5,000		❶ 5,000			4,000
		28	新 聞 代	3,000				❷ 3,000	1,000
			合　　計	29,000	2,000	11,000	13,000	3,000	
29,000		31	小切手＃6						30,000
		〃	次 月 繰 越	30,000					
59,000				59,000					

解説 ❶プリンターインク，伝票・帳簿，ボールペンなどは
　　　消耗品費として処理する。
　　　❷新聞代は，通信費・消耗品費・交通費のどれにもあ
　　　てはまらないので，雑費として処理する。

小 口 現 金 出 納 帳

受 入	令和○年		摘 要	支 払	内　訳 通信費	旅費交通費	消耗品費	雑 費	残 高
1,400	8	3	前 週 繰 越						1,400
18,600		〃	本 日 補 給						20,000
		〃	郵便切手代	1,600	1,600				18,400
		4	文 房 具 代	3,900			3,900		14,500
		〃	タクシー代	2,180		2,180			12,320
		5	郵便はがき代	2,500	2,500				9,820
		6	コピー用紙代	2,400			2,400		7,420
		〃	接待用お茶代	4,700				4,700	2,720
		7	電 車 代	1,840		1,840			880
			合　　計	19,120	4,100	4,020	6,300	4,700	
		7	次 週 繰 越	❶ 880					
20,000				20,000					
880	8	10	前 週 繰 越						880
19,120		〃	本 日 補 給						20,000

解説 ❶週の初めの補給なので，次週繰越は週末残高の
　　　¥880となる。

> Check‼ 週の初めに報告と補給を行うこともある。
> 日商では旅費と交通費をあわせた旅費交通費が
> 標準科目である。

⑨ 仕入れ・売り上げ　　　　(p.25)

例題 1，2
①仕入　②53,000　③買掛金　④仕入

	借　　　方		貸　　　方	
(1)	仕　　　入	200,000	買 掛 金	200,000
(2)	買 掛 金	10,000	仕　　　入	10,000
(3)	仕　　　入 ❶	312,000	買 掛 金	300,000
			現　　　金	12,000
(4)	買 掛 金	15,000	仕　　　入	15,000

解説 ❶引取運賃¥12,000は仕入の金額に含める。
例題 3
①東京商店　②C品　③15　④28,000　⑤2,000

仕 入 帳　　　　7

令和○年		摘　　要	内　訳	金　額
7	10	(群馬)商店　　　掛　け		(100,000)
		(A品)　(200)個 @¥(500)		
	19	(栃木)商店　　　掛　け		
		B品　(300)個 @¥(400)	120,000	
		引取(運賃)現金払い	(3,000)	(123,000)
	(23)	(栃木)商店　掛け(返品)		
		B品　50個 @¥400		(20,000)
	31	総 仕 入 高		(223,000) ●
	〃	(仕入返品高)		(20,000) ●
		(純)仕入高		(203,000) ●

解説 ❶総仕入高は，金額欄の黒字の合計なので，
　　　¥100,000＋¥123,000＝¥223,000となる。
　　　❷仕入返品(値引)高は，金額欄の赤字の合計なので，
　　　¥20,000となる。
　　　❸純仕入高は，総仕入高¥223,000－
　　　仕入返品高¥20,000＝¥203,000となる。

●9-3

	借 方		貸 方	
7/1	仕　　入	460,000	買　掛　金	460,000 ❶
3	買　掛　金	8,000	仕　　入	8,000
15	仕　　入	409,000	買　掛　金	400,000
			現　　金	9,000
28	仕　　入	60,000	当 座 預 金	60,000

仕　　　　入

7/1	買　掛　金	460,000	7/3	買　掛　金	8,000
15	諸　　口	409,000			
28	当 座 預 金	60,000			

仕　　入　　帳　　　　7

令和○年		摘　　　要		内　訳	金　額
7	1	埼玉商店　　　　　　掛　け			
		A品　300個　@¥1,000		300,000	
		B品　200〃　〃〃　800		160,000	460,000
	3	埼玉商店　　　　　掛け返品	❷		
		B品　10個　@¥　800			8,000
	15	茨城商店　　　　　　掛　け			
		A品　400個　@¥1,000		400,000	
		引取運賃現金払い		9,000	409,000
	28	千葉商店　　　　　　小切手			
		C品　100個　@¥　600			60,000
	31	総仕入高			929,000 ❸
	〃	仕入返品高			8,000
		純仕入高			921,000

解説 ❶A品とB品を分けて，次のように仕訳をしないように注意しよう。

(借)仕　　入　300,000　(貸)買　掛　金　300,000
　　仕　　入　160,000　　　買　掛　金　160,000

❷仕入帳に，返品の明細を記入するときは，赤で記入する。

❸総仕入高の計算にあたって，7/3の返品高¥8,000は，加算しないように注意する。

例題 4，5
①売上　②発送費　③201,000　④発送費　⑤売上

●9-4

	借 方		貸 方	
(1)	売　掛　金	400,000	売　　上	400,000
(2)	売　　上	20,000	売　掛　金	20,000
(3)	売　掛　金	800,000	売　　上	800,000
	発　送　費 ❶	9,000	現　　金	9,000

解説 ❶発送費は費用の勘定なので，売上とは一緒にせず，借方に仕訳する。

例題 6
①長野商店　②B品　③20　④41,000　⑤4,000

●9-5

売　　上　　帳　　　　8

令和○年		摘　　　要		内　訳	金　額
8	11	(福井)商店　　　　　　掛　け			
		A品　(200)個　@¥400			(80,000)
	12	(福井)商店　　　掛け(返品)			
		A品　30個　@¥(400)			(12,000)
	25	(愛知)商店　　　　　　掛　け			
		A品　300個　@¥400		(120,000)	
		(B品)(100)〃　〃〃500		50,000	(170,000)
	31	総 売 上 高			(250,000) ❶
	〃	(売上返品高)			(12,000) ❷
		(純)売上高			(238,000) ❸

解説 ❶総売上高は，金額欄の黒字の合計なので，
¥80,000＋¥170,000＝¥250,000となる。

❷売上返品(値引)高は，金額欄の赤字の合計なので，
¥12,000となる。

❸純売上高は，総売上高¥250,000－
売上返品高¥12,000＝¥238,000となる。

●9-6

	借 方		貸 方	
8/5	当 座 預 金	50,000	売　　上	120,000
	売　掛　金	70,000		
7	売　　上	30,000	売　掛　金	30,000
21	売　掛　金	130,000	売　　上	130,000
	発　送　費	5,000	現　　金	5,000
22	売　　上	10,000	売　掛　金	10,000

売　　　　上

8/7	売　掛　金	30,000	8/5	諸　　口	120,000
22	売　掛　金	10,000	21	売　掛　金	130,000

売　　上　　帳　　　　8

令和○年		摘　　　要		内　訳	金　額
8	5	新潟商店　　　小切手・掛け			
		A品　40個　@¥3,000			120,000
	7	新潟商店　　　　　掛け返品	❶		
		A品　10個　@¥3,000			30,000
	21	岐阜商店　　　　　　掛　け			
		A品　10個　@¥3,000		30,000	
		B品　20〃　〃〃5,000		100,000	130,000
	22	岐阜商店　　　　　掛け返品	❶		
		B品　2個　@¥5,000			10,000
	31	総 売 上 高			250,000 ❷
	〃	売上返品高			40,000
		純 売 上 高			210,000

解説 ❶返品は，売上帳に赤で記入する。

❷総売上高は，8/5と8/21の売上金額の合計で，
8/7と8/22の返品の金額は加算しないこと。

例題 7
①商品　②売上　③売上原価　④商品　⑤売上原価

●9-7

	借 方		貸 方	
(1)	商　　品	200,000	買　掛　金	200,000
(2)	買　掛　金	20,000	商　　品	20,000
(3)	売　掛　金	150,000	売　　上	150,000
	売上原価 ❶	100,000	商　　品	100,000
	発　送　費	7,000	現　　金	7,000
(4)	売　　上	15,000	売　掛　金	15,000
	商　　品 ❷	10,000	売 上 原 価	10,000

解説 ❶売り上げた商品の原価を売上原価に振り替える。
50個×@¥2,000(仕入原価)＝¥100,000

❷返品は，売上原価の計上時と逆の仕訳を行う。
5個×@¥2,000(仕入原価)＝¥10,000

例題 1

① 110 ② 100 ③ 110 ④ 4 ⑤ 100

●10-1

商 品 有 高 帳

(先入先出法)　　　　　　　　　　　　A　　品　　　　　　　　　　　　単位：個

令和○年		摘　要	受　入			払　出			残　高		
			数量	単価	金額	数量	単価	金額	数量	単価	金額
8	1	前月繰越	2	50	100				2	50	100
	7	静岡商店	10	50	500				12	50	600
	11	愛知商店				8	50	400	4	50	200
	18	(長野)商店	(8)	(65)	520			❶	4	(50)	200
									8	(65)	520
	24	(富山)商店			❷	4	(50)	200	6	(65)	(390)
						(2)	(65)	(130)			
	31	次月繰越				6	(65)	(390)			
			(20)		(1,120)	(20)		(1,120)			
9	1	前月繰越	(6)	(65)	(390)				(6)	(65)	(390)

解説 ❶仕入単価が異なるため，まず，先に受け入れていた
　　　@¥50のものを記入し，その下の行に次に受け入れ
　　　た@¥65のものを記入する。
　　　❷24日の売り上げは6個であるため，まず，先に受
　　　け入れていた@¥50のもの4個を記入し，その下
　　　の行に次に受け入れた@¥65のものを2個記入す
　　　る。なお，払出欄の単価に売価を記入しないよう注
　　　意する。

●10-2

商 品 有 高 帳

(先入先出法)　　　　　　　　　　　　A　　品　　　　　　　　　　　　単位：個

令和○年		摘　要	受　入			払　出			残　高		
			数量	単価	金額	数量	単価	金額	数量	単価	金額
4	1	前月繰越	8	50	400				8	50	400
	3	山梨商店	10	60	600				8	50	400
									10	60	600
	10	新潟商店				8	50	400	6	60	360
						4	60	240			
	15	石川商店	10	55	550				6	60	360
									10	55	550
	20	福井商店				6	60	360	3	55	165
						7	55	385			
	30	次月繰越				3	55	165			
			28		1,550	28		1,550			

4月中の売上原価　¥ 1,385 ❶
売上総利益　¥ 1,115 ❷

解説 ❶売上原価は，売り渡した商品の(仕入)原価である。
　　　そのため，払出欄の10日と20日の金額を合計すれ
　　　ばよい。
　　　10日¥640(8個×@¥50＋4個×@¥60)＋20日¥745
　　　(6個×@¥60＋7個×@¥55)＝¥1,385
　　　❷純売上高は，10日(12個×@¥100)＋20日(13個×
　　　@¥100)＝¥2,500であり，
　　　純売上高¥2,500－売上原価¥1,385
　　　＝売上総利益¥1,115となる。

●10-3

商 品 有 高 帳

(先入先出法)　　　　　　　　　　　A 品　　　　　　　　　　　単位：個

令和○年		摘　要	受　入			払　出			残　高		
			数量	単価	金額	数量	単価	金額	数量	単価	金額
1	1	前月繰越	600	600	360,000				600	600	360,000
	6	大阪商店				500	600	300,000	100	600	60,000
	15	兵庫商店	600	❶630	378,000				{ 100	600	60,000
									600	630	378,000
	23	京都商店				{ 100	600	60,000			
						200	630	126,000	400	630	252,000
	31	次 月 繰 越				400	630	252,000			
			1,200		738,000	1,200		738,000			
2	1	前月繰越	400	630	252,000				400	630	252,000

解説▶ ❶15日の仕入れでは引取運賃を支払っている。その
ため，引取運賃を含めた金額で単価を計算しなおす。

$$\frac{600個 \times @¥620 + 引取運賃¥6,000}{600個} = @¥630$$

例題 2
①120　②120　③1,800

●10-4

商 品 有 高 帳

(移動平均法)　　　　　　　　　　　A 品　　　　　　　　　　　単位：個

令和○年		摘　要	受　入			払　出			残　高		
			数量	単価	金額	数量	単価	金額	数量	単価	金額
8	1	前月繰越	2	50	100				2	50	100
	7	静岡商店	10	50	500				12	(❶ 50)	600
	11	愛知商店				8	(❶ 50)	400	4	50	200
	18	長野商店	(8)	(65)	520				(12)	(❷ 60)	720
	24	富山商店				6	(❷ 60)	(360)	(6)	(60)	360
	31	次 月 繰 越				(6)	(60)	360			
			(20)		(1,120)	(20)		(1,120)			
9	1	前月繰越	(6)	(60)	(360)				(6)	(60)	(360)

解説▶ ❶移動平均法では，次のように仕入れのつど平均単価
を求めて，払出単価とする。

$$\frac{8/1残 ¥100 + 8/7仕入れ¥500}{8/1残2個 + 8/7仕入れ10個} = @¥50$$

なお，8/7については，8/1と単価が同じ(@¥50)
であるため，計算はしなくてもよい。

❷$$\frac{8/11残 ¥200 + 8/18仕入れ ¥520}{8/11残4個 + 8/18仕入れ8個} = @¥60$$

●10-5

商 品 有 高 帳

(移動平均法)　　　　　　　　　　　A 品　　　　　　　　　　　単位：個

令和○年		摘　要	受　入			払　出			残　高		
			数量	単価	金額	数量	単価	金額	数量	単価	金額
6	1	前月繰越	10	80	800				10	80	800
	3	千葉商店	20	83	1,660				30	❶ 82	2,460
	10	館山商店				15	❶ 82	1,230	15	82	1,230
	15	銚子商店	30	85	2,550				45	❷ 84	3,780
	25	東金商店				25	❷ 84	2,100	20	84	1,680
	30	次 月 繰 越				20	84	1,680			
			60		5,010	60		5,010			

解説▶ ❶$$\frac{6/1残 ¥800 + 6/3仕入れ ¥1,660}{6/1残10個 + 6/3仕入れ20個} = @¥82$$

❷$$\frac{6/10残 ¥1,230 + 6/15仕入れ ¥2,550}{6/10残15個 + 6/15仕入れ30個} = @¥84$$

商 品 有 高 帳

(移動平均法)　　　　　　　　　　　A　品　　　　　　　　　　　単位：個

令和○年		摘　要	受　入			払　出			残　高		
			数量	単価	金額	数量	単価	金額	数量	単価	金額
8	1	前 月 繰 越	120	600	72,000				120	600	72,000
	2	市 川 商 店	360	620	223,200				480	615	295,200
	5	船 橋 商 店				200	615	123,000	280	615	172,200
	15	白 井 商 店	200	❶639	127,800				480	625	300,000
	18	成 田 商 店				380	625	237,500	100	625	62,500
	25	茂 原 商 店	300	645	193,500				400	640	256,000
	29	大 原 商 店				160	640	102,400	240	640	153,600
	31	次 月 繰 越				240	640	153,600			
			980		616,500	980		616,500			
9	1	前 月 繰 越	240	640	153,600				240	640	153,600

8月中の売上原価　¥462,900 ❷
売上総利益　¥263,900 ❸

解説　❶ $\dfrac{200個×@¥630＋¥1,800}{200個} ＝@¥639$

❷払出欄の5日，18日，29日の金額の合計が売上原価となる。

5日¥123,000＋18日¥237,500＋29日¥102,400
＝¥462,900

❸純売上高は，5日(200個×@¥950)＋18日(380個×@¥1,000)＋29日(160個×@¥980)＝¥726,800であり，純売上高¥726,800－売上原価¥462,900
＝売上総利益¥263,900となる。

⓫ 売掛金・買掛金　　　　　　(p.36)

例題 1
①300　②1,000　③1,400　④300　⑤2,000

●11-1

		借　方		貸　方	
1/5	売 掛 金	6,000	売　上	6,000	
6	売　上	1,000	売 掛 金	1,000	
10	現　金	4,000	売　上	9,000	
	売 掛 金	5,000			
12	売　上	300	売 掛 金	300	
27	現　金	7,000	売 掛 金	7,000	

総 勘 定 元 帳

売 掛 金　　　　4

1/1	前 期 繰 越	3,500	1/6	(売　上)	1,000
5	売　上	(6,000)	12	売　上	(300)
10	(売　上)	5,000	27	(現　金)	7,000

売掛金勘定残高	¥	6,200

売 掛 金 元 帳

大 塚 商 店　　　　1

令和○年		摘　要	借　方	貸　方	借または貸	残　高
1	1	前 月 繰 越	1,000		借	1,000
	5	売 り 上 げ	(6,000)		〃	(7,000)
	6	売 上 返 品		(1,000)	(〃)	(6,000)
	27	現 金 回 収		(2,000)	(〃)	(4,000)
	31	次 月 繰 越		4,000		
			7,000	7,000		

目 白 商 店　　　　2

令和○年		摘　要	借　方	貸　方	借または貸	残　高
1	1	前 月 繰 越	2,500		借	2,500
	10	(売 り 上 げ)	5,000		(〃)	7,500
	12	(売上返品)		(300)	〃	(7,200)
	27	(現金回収)		(5,000)	(〃)	(2,200)
	(31)	(次 月 繰 越)		(2,200)		
			(7,500)	(7,500)		

●11-2

		借　方		貸　方	
1/5	現　金	20,000	売　上	60,000	
	売 掛 金	40,000			
8	売　上	10,000	売 掛 金	10,000	
14	売 掛 金	42,000	売　上	42,000	
	発 送 費	2,000	現　金	2,000	
15	売　上	3,000	売 掛 金	3,000	
28	現　金	170,000	売 掛 金	170,000	

総 勘 定 元 帳

売 掛 金　　　　4

1/1	前 期 繰 越	180,000	1/8	売　上	10,000
5	売　上	40,000	15	売　上	3,000
14	売　上	42,000	28	現　金	170,000

売 掛 金 元 帳

麻 布 商 店　　　　1

令和○年		摘　要	借　方	貸　方	借または貸	残　高
1	1	前 月 繰 越	100,000		借	100,000
	5	売 り 上 げ	40,000		〃	140,000
	8	売 上 返 品		10,000	〃	130,000
	28	現 金 回 収		100,000	〃	30,000
	31	次 月 繰 越		30,000		
			140,000	140,000		
2	1	前 月 繰 越	30,000		借	30,000

原宿商店　　2

令和○年		摘要	借方	貸方	借または貸	残高
1	1	前月繰越	80,000		借	80,000
	14	売り上げ	42,000		〃	122,000
	15	売上返品		3,000	〃	119,000
	28	現金回収		70,000	〃	49,000
	31	次月繰越		49,000		
			122,000	122,000		
2	1	前月繰越	49,000		借	49,000

例題2
①クレジット売掛金　②支払手数料　③98,000
④クレジット売掛金

●11-3

	借　方		貸　方	
(1)	クレジット売掛金	96,000	売　上	100,000
	支払手数料	4,000		
(2)	当座預金	96,000	クレジット売掛金	96,000

❶

解説 ❶支払手数料は，¥100,000×4％＝¥4,000であり，
売り上げ（¥100,000）から手数料（¥4,000）を差し引
いた残額¥96,000がクレジット売掛金となる。

●11-4

	借　方		貸　方	
(1)	クレジット売掛金	48,500	売　上	50,000
	支払手数料	1,500		
(2)	売　上	10,000	クレジット売掛金	9,700
			支払手数料 ❶	300
(3)	当座預金 ❷	38,800	クレジット売掛金	38,800

解説 ❶返品額（¥10,000）に相応する手数料は，
¥10,000×3％＝¥300となる。
❷クレジット売掛金の回収額は，
(1)¥48,500−(2)¥9,700＝¥38,800となる。

例題3
①400　②2,000　③2,600　④500　⑤1,400

●11-5

	借　方		貸　方	
1/8	仕　入	18,000	買　掛　金	18,000
11	仕　入	24,000	当座預金	14,000
			買　掛　金	10,000
12	買　掛　金	3,000	仕　入	3,000
22	買　掛　金	20,000	現　金	20,000

総　勘　定　元　帳
買　掛　金　　15

1/12	(仕　入)	3,000	1/1	前期繰越	23,000
22	現　金	(20,000)	8	仕　入	(18,000)
			11	(仕　入)	10,000

買掛金勘定残高	¥	28,000

買　掛　金　元　帳
赤　坂　商　店　　1

令和○年		摘要	借方	貸方	借または貸	残高
1	1	前月繰越		12,000	貸	12,000
	8	仕入れ		(18,000)	〃	(30,000)
	22	(現金支払い)	(20,000)		(〃)	(10,000)
	31	次月繰越	10,000			
			(30,000)	(30,000)		
2	1	(前月繰越)		(10,000)	貸	(10,000)

青　山　商　店　　2

令和○年		摘要	借方	貸方	借または貸	残高
1	1	前月繰越		11,000	貸	11,000
	11	(仕入れ)		(10,000)	(〃)	21,000
	12	仕入返品	(3,000)			(18,000)
	(31)	(次月繰越)	(18,000)			
			(21,000)	(21,000)		
(2)	(1)	(前月繰越)		(18,000)	(貸)	(18,000)

●11-6

	借　方		貸　方	
1/10	仕　入	395,000	現　金	95,000
			買　掛　金	300,000
12	買　掛　金	5,000	仕　入	5,000
23	仕　入	180,000	当座預金	100,000
			買　掛　金	80,000
31	買　掛　金	220,000	現　金	220,000

総　勘　定　元　帳
買　掛　金　　15

1/12	仕　入	5,000	1/1	前期繰越	370,000
31	現　金	220,000	10	仕　入	300,000
			23	仕　入	80,000

買　掛　金　元　帳
栃　木　商　店　　1

令和○年		摘要	借方	貸方	借または貸	残高
1	1	前月繰越		120,000	貸	120,000
	10	仕入れ		300,000	〃	420,000
	12	仕入返品	5,000		〃	415,000
	31	次月繰越	415,000			
			420,000	420,000		

茨　城　商　店　　2

令和○年		摘要	借方	貸方	借または貸	残高
1	1	前月繰越		250,000	貸	250,000
	23	仕入れ		80,000	〃	330,000
	31	現金支払い	220,000		〃	110,000
	〃	次月繰越	110,000			
			330,000	330,000		

12 受取手形・支払手形　　(p.43)

例題1
①受取手形　②受取手形

● 12-1

	借 方		貸 方	
(1)	受 取 手 形	60,000	売　　上	60,000
(2)	受 取 手 形	80,000	売 掛 金	80,000
(3)	当 座 預 金	50,000	受 取 手 形	50,000
(4)	当 座 預 金	120,000	受 取 手 形	120,000

例題 2
①約手　②宮城商店　③鹿児島商店

● 12-2

	借 方		貸 方	
6/8	受 取 手 形	200,000	売　　上	200,000
7/12	受 取 手 形	100,000	売 掛 金	100,000
9/8	当 座 預 金	200,000	受 取 手 形	200,000
12	当 座 預 金	100,000	受 取 手 形	100,000

受 取 手 形 記 入 帳

令和○年		摘 要	金 額	手形種類	手形番号	支払人	振出人または裏書人	振出日		満期日		支払場所	てん末		
													月	日	摘 要
6	8	売り上げ	(　200,000)	(約手)	(7)	(熊谷商店)	(熊谷商店)	(6)	(8)	(9)	(8)	(関東銀行)	(9)	(8)	入　　金
7	12	(売掛金回収)	(　100,000)	(約手)	(15)	(大宮商店)	(大宮商店)	(7)	(12)	(9)	(12)	(埼玉銀行)	9	12	(入　金)

例題 3
①受取手形　②受取手形　③手形売却損

● 12-3

	借 方		貸 方	
(1)	仕　　入	280,000	受 取 手 形	280,000
(2)	当 座 預 金	392,000	受 取 手 形	400,000
	手形売却損 ❶	8,000		

解説 ❶勘定科目をそのまま割引料としないよう注意する。

● 12-4

受 取 手 形 記 入 帳

令和○年		摘 要	金 額	手形種類	手形番号	支払人	振出人または裏書人	振出日		満期日		支払場所	てん末		
													月	日	摘 要
4	1	売掛金回収	190,000	約手	6	坂戸商店	坂戸商店	4	1	6	1	関東銀行	5	25	裏書譲渡
6	20	売り上げ	230,000	約手	10	飯能商店	飯能商店	6	20	7	20	関東銀行	7	5	割　引

例題 4
①支払手形　②支払手形

● 12-5

	借 方		貸 方	
(1)	仕　　入	180,000	支 払 手 形	180,000
(2)	買 掛 金	250,000	支 払 手 形	250,000
(3)	支 払 手 形	200,000	当 座 預 金	200,000
(4)	仕　　入	400,000	支 払 手 形	400,000

例題 5
①富山商店　②約手　③当店

● 12-6

	借 方		貸 方	
10/20	仕　　入	360,000	支 払 手 形	360,000
30	買 掛 金	100,000	支 払 手 形	100,000
11/20	支 払 手 形	360,000	当 座 預 金	360,000

支 払 手 形 記 入 帳

令和○年		摘 要	金 額	手形種類	手形番号	受取人	振出人	振出日		満期日		支払場所	てん末		
													月	日	摘 要
10	20	仕 入 れ	(　360,000)	(約手)	(17)	(春日部商店)	当　店	(10)	(20)	(11)	(20)	埼玉銀行	11	20	(支 払 い)
	(30)	(買掛金支払い)	(　100,000)	(約手)	(18)	(深谷商店)	当　店	(10)	(30)	(12)	(10)	(埼玉銀行)			

例題 6
①営業外受取手形　②営業外支払手形

14

●12-7

	借	方	貸	方
(1)	備　　品	370,000	営業外支払手形	370,000
(2)	営業外受取手形	500,000	車両運搬具	650,000
	固定資産売却損	150,000		

例題 7
①102,000　②受取手形　③不渡手形　④不渡手形

●12-8

	借	方	貸	方
(1)	不 渡 手 形	473,000	受 取 手 形	460,000
			現　　金	13,000
(2)	現　　金	475,000	不 渡 手 形	473,000
			受 取 利 息	2,000
(3)	貸倒引当金	180,000	不 渡 手 形	231,000
	貸 倒 損 失	51,000		

例題 8
①支払手形　②支払手形　③受取手形　④受取手形

●12-9

	借	方	貸	方
(1)	受 取 手 形	200,000	受 取 手 形	200,000
	現　　金	1,000	受 取 利 息	1,000
(2)	支 払 手 形	300,000	支 払 手 形	302,000
	支 払 利 息	2,000		

例題 9，10
①電子記録債権　②売掛金　③電子記録債権
④電子記録債務　⑤電子記録債務

●12-10

	借	方	貸	方
(1)	売 掛 金	430,000	売　　上	430,000
(2)	電子記録債権	430,000	売 掛 金	430,000
(3)	当 座 預 金	430,000	電子記録債権	430,000

●12-11

	借	方	貸	方
(1)	仕　　入	300,000	買 掛 金	300,000
(2)	買 掛 金	300,000	電子記録債務	300,000
(3)	電子記録債務	300,000	当 座 預 金	300,000

●12-12

佐 賀 商 店

	借	方	貸	方
(1)	電子記録債権	40,000	売 掛 金	40,000
(2)	当 座 預 金	40,000	電子記録債権	40,000

長 崎 商 店

	借	方	貸	方
(1)	買 掛 金	40,000	電子記録債務	40,000
(2)	電子記録債務	40,000	当 座 預 金	40,000

●12-13

	借	方	貸	方
(1)	電子記録債権	240,000	売 掛 金	240,000
(2)	買 掛 金	380,000	電子記録債務	380,000
(3)	買 掛 金	160,000	電子記録債務	160,000
(4)	当 座 預 金	170,000	電子記録債権	170,000
(5)	電子記録債権	200,000	売 掛 金	200,000
(6)	電子記録債務	300,000	当 座 預 金	300,000

⓭ その他の債権・債務　(p.52)

例題 1
①貸付金　②貸付金　③受取利息　④借入金　⑤支払利息
⑥手形借入金

●13-1

	借	方	貸	方
(1)	現　　金	1,000,000	借 入 金	1,000,000
(2)	借 入 金	1,000,000	当 座 預 金	1,050,000
	支 払 利 息	50,000		
(3)	当 座 預 金	1,260,000	貸 付 金	1,200,000
			受 取 利 息	60,000
(4)	手形貸付金	200,000	現　　金	200,000

> **Check!!** 従業員や役員に対する貸付金は**従業員貸付金勘定**や**役員貸付金勘定**を用いることもある。

例題 2
①前払金　②前払金　③前受金　④前受金

●13-2

	借	方	貸	方
(1)	前 払 金	70,000	現　　金	70,000
(2)	仕　　入	290,000	前 払 金	70,000
			当 座 預 金	220,000
(3)	前 受 金	300,000	売　　上	900,000
	売 掛 金	600,000		
(4)	前 払 金	120,000	現　　金	120,000
(5)	現　　金	300,000	前 受 金 ❶	300,000

解説 ❶@¥3,000 × 100個＝¥300,000

> **Check!!** (4)前払金・前受金のうち，商品の売買契約を確実にするために手付金として受け渡したものは，**支払手付金勘定(資産)・受取手付金勘定(負債)**を用いることもある。

例題 3
①未収入金　②未収入金　③未払金　④未払金

●13-3

	借	方	貸	方
(1)	未 収 入 金	3,000	雑　　益	3,000
(2)	現　　金	1,800	未 収 入 金	1,800
(3)	土　　地	900,000	現　　金	300,000
			未 払 金	600,000
(4)	未 払 金	250,000	当 座 預 金	250,000

例題 4
①従業員立替金　②所得税預り金

●13-4

	借	方	貸	方
(1)	給　　料	790,000	所得税預り金	47,000
			社会保険料預り金	50,000
			現　　金	693,000
(2)	所得税預り金	76,000	現　　金	76,000
(3)	給　　料	700,000	所得税預り金	50,000
			普 通 預 金	650,000
(4)	前 受 金	30,000	売　　上	162,000
	売 掛 金	132,000		
	発 送 費	6,000	現　　金	6,000

例題 5
①仮払金　②旅費　③仮払金　④仮受金

●13-5

	借	方	貸	方
(1)	仮 払 金	30,000	現 金	30,000
(2)	当 座 預 金	700,000	仮 受 金	700,000
(3)	仮 受 金	700,000	売 掛 金	700,000
(4)	旅 費 現 金	29,000 1,000	仮 払 金	30,000
(5)	旅 費 現 金	35,000 23,000	仮 払 金 前 受 金 (または, 受取手付金)	43,000 15,000

例題 6
①受取商品券　②受取商品券

●13-6

	借	方	貸	方
(1)	受取商品券	20,000	売 上	20,000
(2)	現 金	20,000	受取商品券	20,000

例題 7
①差入保証金　②差入保証金

●13-7

	借	方	貸	方
(1)	差入保証金 支 払 家 賃	500,000 250,000	普 通 預 金	750,000
(2)	現 金	500,000	差入保証金	500,000

⑭ 有価証券　(p.58)

例題
①有価証券　②1,440,000　③有価証券　④1,010,000
⑤1,520,000　⑥有価証券売却益

●14-1

	借	方	貸	方
(1)	有 価 証 券 ❶	1,160,000	当 座 預 金	1,160,000
(2)	有 価 証 券 ❷	1,980,000	当 座 預 金	1,980,000
(3)	有 価 証 券	539,000	普 通 預 金	539,000

解説 ❶¥58,000 × 20株 = ¥1,160,000

❷¥2,000,000 × $\frac{¥99}{¥100}$ = ¥1,980,000

●14-2

	借	方	貸	方
(1)	有 価 証 券	550,000	未 払 金	550,000
(2)	有 価 証 券 ❶	1,783,000	普 通 預 金	1,783,000
(3)	有 価 証 券 ❷	992,000	未 払 金 現 金	980,000 12,000

解説 ❶(¥88,000 × 20株) + ¥23,000 = ¥1,783,000

❷(¥1,000,000 × $\frac{¥98}{¥100}$) + ¥12,000 = ¥992,000

●14-3

	借	方	貸	方
(1)	当 座 預 金 有価証券売却損 ❶	1,400,000 200,000	有 価 証 券	1,600,000
(2)	当 座 預 金 ❷ 有価証券売却損	2,720,000 80,000	有 価 証 券 ❸	2,800,000
(3)	当 座 預 金	1,440,000	有 価 証 券 有価証券売却益	1,400,000 40,000
(4)	当 座 預 金 ❹	4,950,000	有 価 証 券 ❺ 有価証券売却益	4,900,000 50,000
(5)	当 座 預 金 有価証券売却損	2,910,000 30,000	有 価 証 券	2,940,000
(6)	未 収 入 金 有価証券売却損	3,880,000 80,000	有 価 証 券	3,960,000

解説 ❶売却価額¥1,400,000 − 帳簿価額¥1,600,000
= −¥200,000(売却損)

❷¥68,000 × 40株 = 売却価額¥2,720,000

❸¥70,000 × 40株 = 帳簿価額¥2,800,000

❹¥5,000,000 × $\frac{¥99}{¥100}$ = ¥4,950,000

❺¥5,000,000 × $\frac{¥98}{¥100}$ = ¥4,900,000

⑮ 固定資産　(p.60)

例題 1
①備品　②370,000　③建物　④2,100,000　⑤未払金
⑥土地　⑦3,500,000　⑧300,000　⑨未収入金
⑩車両運搬具　⑪固定資産売却損　⑫100,000

●15-1

	借	方	貸	方
(1)	備 品	870,000	当 座 預 金	870,000
(2)	車両運搬具	1,200,000	未 払 金	1,200,000
(3)	建 物 ❶	7,280,000	当 座 預 金	7,280,000
(4)	土 地 ❷	8,600,000	当 座 預 金 現 金	8,000,000 600,000
(5)	土 地 ❸	9,050,000	未 払 金 現 金	8,750,000 300,000
(6)	土 地 ❹	1,400,000	現 金	1,400,000

解説 ❶買入価額¥7,000,000 + 付随費用(登記料¥200,000
+ 買入手数料¥80,000) = 取得原価¥7,280,000

❷買入価額¥8,000,000 + 付随費用¥600,000
= 取得原価¥8,600,000

❸買入価額¥8,750,000(@¥35,000 × 250 m²)
+ 購入手数料¥300,000 = ¥9,050,000

❹土地を購入したときにかかった費用は取得原価に含めるので土地勘定の借方に記入する。

Check!! 固定資産の修理を行ったときは, **修繕費勘定(費用)** で処理(収益的支出)をするが, 固定資産の価値を高めるものについては, 固定資産の増加(資本的支出)として処理する。

●15-2

	借	方	貸	方
(1)	現 金 固定資産売却損	280,000 90,000	備 品	370,000
(2)	当 座 預 金	9,300,000	建 物 固定資産売却益	9,000,000 300,000
(3)	未 収 入 金	6,700,000	土 地 固定資産売却益	5,500,000 1,200,000
(4)	現 金 固定資産売却損	640,000 60,000	車両運搬具	700,000

例題 2
①4,820,000 ②3,000,000 ③1,312,500 ④減価償却費
⑤1,170,000

●15-3

①	¥ 7,200,000	②	¥ 900,000	③	¥ 1,562,500
④	減価償却費	⑤	¥ 1,800,000		

⑯ 個人企業の資本 (p.64)

例題 1
①資本金 ②資本金 ③資本金

●16-1

	借 方		貸 方	
(1)	現 金	1,500,000	資 本 金	1,500,000
(2)	現 金	850,000	資 本 金	850,000
(3)	損 益	123,000	資 本 金	123,000

例題 2
①引出金 ②資本金 ③引出金

●16-2

	借 方		貸 方	
(1)	引 出 金	20,000	現 金	20,000
(2)	資 本 金	26,000	引 出 金	26,000

⑰ 税金・その他の処理 (p.65)

例題 1
①仮払消費税 ②仮受消費税 ③未払消費税 ④30,000
⑤未払消費税

●17-1

	借 方		貸 方	
(1)	仕 入 仮払消費税	560,000 56,000	当 座 預 金	616,000
(2)	現 金	1,078,000	売 上 仮受消費税 ❶	980,000 98,000
(3)	仮受消費税	98,000	仮払消費税 未払消費税 ❷	56,000 42,000
(4)	未払消費税	42,000	現 金	42,000

解説 ❶売上¥980,000×税率0.1 (10%) =¥98,000
　　　❷仮受消費税¥98,000−仮払消費税¥56,000
　　　　=¥42,000
　　　　納付は後日行うので，決算では未払消費税勘定で処
　　　　理する。

例題 2, 3, 4
①租税公課(印紙税) ②引出金 ③法定福利費

●17-2

	借 方		貸 方	
(1)	租 税 公 課 ❶	20,000	当 座 預 金	20,000
(2)	租 税 公 課 ❷	3,000	現 金	3,000
(3)	租 税 公 課 ❸	10,000	当 座 預 金	10,000
(4)	引 出 金 ❹	6,000	現 金	6,000
(5)	引 出 金 ❹	3,000	当 座 預 金	3,000
(6)	社会保険料 預 り 金 法定福利費	180,000 180,000	現 金	360,000

解説 ❶固定資産税勘定(費用)でも可。
　　　❷印紙税勘定(費用)でも可。
　　　❸事業税勘定(費用)でも可。
　　　❹個人企業において，所得税，住民税は店主個人にか
　　　　かるので引出金(資本金の減少)として処理する。

⑱ 伝 票 (p.67)

例題 1, 2, 3
①売上 ②米子商店 ③9月15日 ④仕入 ⑤備品
⑥未払金

●18-1

入 金 伝 票
令和○年12月24日　　No.22

科目	売 上	入金先	宮島商店			殿		
摘		要		金		額		
A品　300個　@¥600			1	8	0	0	0	0
合 計			1	8	0	0	0	0

出 金 伝 票
令和○年12月26日　　No.17

科目	仕 入	支払先	宇部商店			殿		
摘		要		金		額		
C品　400個　@¥350			1	4	0	0	0	0
合 計			1	4	0	0	0	0

振 替 伝 票
令和○年12月30日　　No.9

勘定科目	借 方					勘定科目	貸 方				
買 掛 金		2	3	0	0	0	0	当 座 預 金		2	3	0	0	0	0
合 計		2	3	0	0	0	0	合 計		2	3	0	0	0	0
摘要	大山商店に買掛金支払い　小切手#24											

●18-2

入 金 伝 票
令和○年12月20日　　No.50

科目	受取手数料	入金先	鳥取商店			殿		
摘		要		金		額		
商品売買の仲介手数料				5	0	0	0	
合 計				5	0	0	0	

出 金 伝 票
令和○年12月24日　　No.55

科目	買 掛 金	支払先	下関商店			殿		
摘		要		金		額		
買掛金一部支払い				9	0	0	0	0
合 計				9	0	0	0	0

振 替 伝 票
令和○年12月13日　　No.46

勘定科目	借 方					勘定科目	貸 方				
仕 入		1	2	5	0	0	0	支 払 手 形		1	2	5	0	0	0
合 計		1	2	5	0	0	0	合 計		1	2	5	0	0	0
摘要	倉敷商店　A品　250個　@¥500　約手#12											

現　　金

1/11 (売掛金)〈12〉[260,000]	1/16 (前払金)〈24〉[90,000]

売　掛　金

	1/11 (現　金)〈12〉[260,000]

前　払　金

1/16 (現　金)〈24〉[90,000]	1/19 (仕　入)〈36〉[90,000]

買　掛　金

	1/19 (仕　入)〈36〉[330,000]

仕　　入

1/19 (諸　口)〈36〉[420,000]	

解説 ▶ 仕訳を示すと次のようになる。
　　　入金伝票より
　　　(借)現　　　金 260,000　(貸)売　掛　金 260,000
　　　出金伝票より
　　　(借)前 払 金 90,000　(貸)現　　　金 90,000
　　　振替伝票より
　　　(借)仕　　　入 420,000　(貸)前 払 金 90,000
　　　　　　　　　　　　　　　　　　買 掛 金 330,000

●18-4

ア	450,000	イ	受 取 手 形	ウ	売　　上
エ	記 入 な し	オ	仮 払 金		

解説 ▶ (1)(借)受 取 手 形 150,000　(貸)売　　上 600,000
　　　　　現　　　金 450,000
　　　この仕訳を分解して考える。
　　　(借)受 取 手 形 150,000　(貸)売　　上 150,000
　　　　　　　　　　　　　　　　　　…振替伝票
　　　(借)現　　　金 450,000　(貸)売　　上 450,000
　　　　　　　　　　　　　　　　　　…入金伝票

●18-5

ア	仕　　　入	イ	600,000	ウ	出　　金
エ	売 掛 金	オ	750,000		

解説 ▶ (1)の伝票記入の方法は次の 2 通りある。
　　　①(借)仕　　　入 600,000　(貸)買 掛 金 600,000
　　　　　　　　　　　　　　　　　　…振替伝票
　　　　(借)買 掛 金 150,000　(貸)現　　金 150,000
　　　　　　　　　　　　　　　　　　…出金伝票
　　　②(借)仕　　　入 450,000　(貸)買 掛 金 450,000
　　　　　　　　　　　　　　　　　　…振替伝票
　　　　(借)仕　　　入 150,000　(貸)現　　金 150,000
　　　　　　　　　　　　　　　　　　…出金伝票
　　　この問題では，出金伝票の相手科目が「買掛金」となっ
　　　ているので，①の方法で起票している。

例題 4
①700　②500　③800　④2,000　⑤仕訳日計表　⑥500

●18-6

仕　訳　日　計　表

借　方	勘定科目	貸　方
❶ 250,000	現　　　　金	❷ 130,000
❸ 350,000	当 座 預 金	
500,000	売　掛　金	200,000
	買　掛　金	400,000
	売　　　　上	800,000
430,000	仕　　　　入	
1,530,000		1,530,000

解説 ▶ ❶入金伝票の合計額¥250,000
　　　❷出金伝票の合計額¥130,000
　　　❸出金伝票と振替伝票 (借方) の当座預金勘定の合計額
　　　　¥350,000

●18-7

仕　訳　日　計　表
令和○年12月1日

借　方	勘定科目	貸　方
22,000	現　　　　金	13,000
90,000	売　掛　金	
	買　掛　金	55,000
	売　　　　上	100,000
	受 取 手 数 料	12,000
68,000	仕　　　　入	
180,000		180,000

●18-8

仕　訳　日　計　表
令和○年11月1日

借　方	勘定科目	貸　方
80,000	現　　　　金	47,000
24,000	受 取 手 形	
80,000	売　掛　金	54,000
39,000	買　掛　金	78,000
	売　　　　上	130,000
78,000	仕　　　　入	
8,000	水 道 光 熱 費	
309,000		309,000

総　勘　定　元　帳
現　　金

11/1　前 月 繰 越　78,000	11/1　仕訳日計表 (47,000)❷
❶ 〃 仕訳日計表 (80,000)	

解説 ▶ ❶仕訳日計表，現金の借方から転記する。
　　　❷仕訳日計表，現金の貸方から転記する。

⑲ 証ひょう　　　　　　　　　　　　(p.73)

例題 1, 2
①仕入　②50,000　③普通預金　④普通預金

●19-1

	借　方		貸　方	
(1)	仕　　　入	182,000	買 掛 金	200,200
	仮払消費税	18,200		
(2)	消 耗 品 費	57,000	未 払 金	57,000
(3)	備　　　品	3,120,000	仮 払 金	3,120,000

●19-2

	借　方		貸　方	
(1)	売 掛 金	37,000	売　　上	36,000
			現　　金	1,000
(2)	売 掛 金	144,000	売　　上	144,000
(3)	クレジット売 掛 金	27,500	売　　上	163,000
	現　　金	151,800	仮受消費税	16,300

●19-3

	借　方		貸　方	
(1)	旅費交通費	14,880	仮 払 金	20,000
	現　　金	5,120		
(2)	支払手数料	250,000	普 通 預 金	1,250,000
	差入保証金	750,000		
	支 払 家 賃	250,000		
(3)	借 入 金	1,000,000	当 座 預 金	1,008,000
	支 払 利 息	8,000		

例題
①消耗品費　②現金

●20-1

①	正確かつ迅速な会計処理
②	労力の省力化と保存費用の軽減
③	会計業務の効率化

※①～③は順不同。

●20-2

振替伝票　日付(D)：10/27

借方科目	借方金額	貸方科目	貸方金額	摘　　要
通　信　費	7,500	普通預金	7,500	インターネット接続料支払い

振替伝票　日付(D)：10/28

借方科目	借方金額	貸方科目	貸方金額	摘　　要
仕　　入	150,000	買　掛　金	150,000	山口商店から仕入れ　A品　300個　@¥500

例題
①70,000　②15,000　③55,000　④80,000

●21-1

現　　金　　1		売　掛　金　　2	
750,000	480,000	500,000	200,000
(160,000)	(180,000)	(400,000)	(160,000)

買　掛　金　　3		資　本　金　　4	
100,000	300,000		700,000
(180,000)	(120,000)		

売　　上　　5		仕　　入　　6	
	650,000	900,000	
	(400,000)	(120,000)	

給　　料　　7	
80,000	

合　計　試　算　表
令和○年 6 月 30日

借　　方	勘定科目	貸　　方
910,000	現　　　　金	660,000
900,000	売　掛　金	360,000
280,000	買　掛　金	420,000
	資　本　金	700,000
	売　　　　上	1,050,000
1,020,000	仕　　　　入	
80,000	給　　　　料	
3,190,000		3,190,000

●21-2

合　計　残　高　試　算　表
令和○年 6 月 30日

借　　方		勘定科目	貸　　方	
残　高	合　計		合　計	残　高
250,000	910,000	現　　　金	660,000	
540,000	900,000	売　掛　金	360,000	
	280,000	買　掛　金	420,000	140,000
		資　本　金	700,000	700,000
		売　　　上	1,050,000	1,050,000
1,020,000	1,020,000	仕　　　入		
80,000	80,000	給　　　料		
1,890,000	3,190,000		3,190,000	1,890,000

●21-3

現　　金　　1		当　座　預　金　　2	
850,000	410,000	1,330,000	560,000
(200,000)	(200,000)	(350,000)	(60,000)
(30,000)	(120,000)	(200,000)	(300,000)

売　掛　金　　3		買　掛　金　　4	
800,000	450,000	350,000	600,000
(300,000)	(350,000)	(300,000)	(120,000)
(280,000)			(150,000)

資　本　金　　5		売　　上　　6	
	1,000,000		2,390,000
			(500,000)
			(480,000)

受取手数料　　7		仕　　入　　8	
	90,000	1,870,000	
	(30,000)	(320,000)	
		(270,000)	

支 払 家 賃　　9	
300,000	
(60,000)	

19

借 方		勘定科目	貸 方	
残 高	合 計		合 計	残 高
350,000	1,080,000	現　　　金	730,000	
960,000	1,880,000	当 座 預 金	920,000	
580,000	1,380,000	売 掛 金	800,000	
	650,000	買 掛 金	870,000	220,000
		資 本 金	1,000,000	1,000,000
		売　　　上	3,370,000	3,370,000
		受取手数料	120,000	120,000
2,460,000	2,460,000	仕　　　入		
360,000	360,000	支 払 家 賃		
4,710,000	7,810,000		7,810,000	4,710,000

◆決算(1)

22 決算と決算整理(1)　　　　　　　　　(p.81)

例題 1
①仕入　②繰越商品　③繰越商品　④仕入
⑤貸倒引当金繰入　⑥3,000　⑦減価償却費　⑧40,000

●22-1
決算整理仕訳

	借 方		貸 方		
a	仕　　　入	760,000	繰 越 商 品	760,000	❶
	繰 越 商 品	680,000	仕　　　入	680,000	❷
b	貸倒引当金繰入	21,000	貸倒引当金	21,000	❸
c	減価償却費	160,000	備　　　品	160,000	❹

総 勘 定 元 帳 (一部)

売 掛 金

2,300,000	1,100,000

貸 倒 引 当 金

		3,000
	12/31 貸倒引当金繰入	21,000

繰 越 商 品

1/1 前 期 繰 越	760,000	12/31 仕　　　入	760,000
12/31 仕　　　入	680,000		

備　　　品

1/1 前 期 繰 越	640,000	12/31 減価償却費	160,000

仕　　　入

	6,500,000	12/31 繰 越 商 品	680,000
12/31 繰 越 商 品	760,000		

貸 倒 引 当 金 繰 入

12/31 貸倒引当金	21,000

減 価 償 却 費

12/31 備　　　品	160,000

解説 ❶「繰越商品」勘定の前期繰越高を用いて仕訳する。
　　　❷決算整理事項の期末商品棚卸高を用いて仕訳する。
　　　　　　　売掛金残高　　　　　　貸倒引当金残高
　　　❸(¥2,300,000 − ¥1,100,000) × 2 % − ¥3,000
　　　　＝¥21,000
　　　　　取得原価　残存価額 耐用年数
　　　❹(¥800,000 − ¥0) ÷ 5 年＝¥160,000

●22-2

	借 方		貸 方		
a	仕　　　入	470,000	繰 越 商 品	470,000	❶
	繰 越 商 品	450,000	仕　　　入	450,000	❷
b	貸倒引当金繰入	21,000	貸倒引当金	21,000	❸
c	減価償却費	225,000	備　　　品	225,000	❹
d	雑　　　損	6,000	現金過不足	6,000	❺
e	資 本 金	50,000	引 出 金	50,000	❻

解説 ❶「繰越商品」勘定の前期繰越高を用いて仕訳する。
　　　❷決算整理事項の期末商品棚卸高を用いて仕訳する。
　　　　　　売掛金残高　　　　貸倒引当金残高
　　　❸¥1,450,000 × 2 % − ¥8,000 ＝¥21,000

　　　　　　取得原価 残存価額 耐用年数
　　　❹(¥1,800,000 − ¥0) ÷ 8 年＝¥225,000
　　　❺「現金過不足」勘定の借方残高をなくすために貸方に
　　　　記入し，借方には雑損を記入する。
　　　❻「引出金」勘定を整理するために貸方に記入し，借方
　　　　には資本金を記入する。

①20,000 ②40,000 ③貸倒損失 ④10,000
⑤償却債権取立益

●22-3

	借 方		貸 方	
(1)	貸倒引当金	80,000	売 掛 金	120,000
	貸 倒 損 失	40,000		
(2)	現 金	10,000	償却債権取立益	10,000

23 精算表(1) (p.84)

①17,000 ②18,000 ③3,000 ④40,000 ⑤4,000
⑥18,000 ⑦120,000 ⑧309,000 ⑨66,000
⑩475,000 ⑪694,000

●23-1

精 算 表
令和○年12月31日

勘 定 科 目	残高試算表		整 理 記 入		損益計算書		貸借対照表	
	借 方	貸 方	借 方	貸 方	借 方	貸 方	借 方	貸 方
現 金	501,000						501,000	
当 座 預 金	1,356,000						1,356,000	
売 掛 金	1,650,000						1,650,000	
貸 倒 引 当 金		23,000		❷ 10,000				33,000
繰 越 商 品	580,000		❶ 620,000	❶ 580,000			620,000	
備 品	630,000			❸ 90,000			540,000	
買 掛 金		1,809,000						1,809,000
前 受 金		72,000						72,000
資 本 金		2,600,000						2,600,000
売 上		8,652,000				8,652,000		
受 取 手 数 料		103,000				103,000		
仕 入	6,245,000		❶ 580,000	❶ 620,000	6,205,000			
給 料	1,275,000				1,275,000			
支 払 家 賃	840,000				840,000			
水 道 光 熱 費	168,000				168,000			
雑 費	14,000				14,000			
	13,259,000	13,259,000						
貸倒引当金繰入			❷ 10,000		10,000			
減 価 償 却 費			❸ 90,000		90,000			
当 期 純 利 益					153,000			153,000
			1,300,000	1,300,000	8,755,000	8,755,000	4,667,000	4,667,000

解説 ❶(借)仕 入 580,000 (貸)繰 越 商 品 580,000
　　　　繰 越 商 品 620,000 　　仕 入 620,000
❷(借)貸倒引当金繰入 10,000 (貸)貸倒引当金 10,000
　　売掛金残高　　　　貸倒引当金残高
　　¥1,650,000 × 2 % − ¥23,000 = ¥10,000
❸(借)減価償却費 90,000 (貸)備 品 90,000
　　取得原価 残存価額 耐用年数
　　(¥720,000 − ¥0) ÷ 8 年 = ¥90,000

24 帳簿の締め切り (p.86)

①売上 ②475,000 ③仕入 ④309,000 ⑤支払家賃
⑥57,000 ⑦貸倒引当金繰入 ⑧3,000 ⑨減価償却費
⑩40,000 ⑪409,000 ⑫損益 ⑬66,000 ⑭資本金
⑮損益 ⑯次期繰越 ⑰356,000 ⑱前期繰越 ⑲200,000
⑳4,000 ㉑18,000 ㉒120,000 ㉓124,000 ㉔566,000
㉕694,000 ※⑰・⑲～㉔の金額で次期繰越として記入する
ものは赤字となる。

●24-1

		借 方		貸 方	
収益の振替	売 上	718,000	損 益	720,000	
	雑 益	2,000			
費用の振替	損 益	665,000	仕 入	450,000	
			給 料	84,000	
			貸倒引当金繰入	15,000	
			減価償却費	9,000	
			支 払 家 賃	60,000	
			雑 費	47,000	
損益の振替	損 益	55,000	資 本 金	55,000	

総勘定元帳(一部)

売　上　10

		20,000		738,000
12/31	損　益	718,000		
		738,000		738,000

雑　益　11

12/31	損　益	2,000	12/31	現金過不足	2,000

仕　入　12

		445,000			12,000
12/31	繰越商品	126,000	12/31	繰越商品	109,000
			〃	損　益	450,000 ❷
		571,000			571,000

給　料　13

	84,000	12/31	損　益	84,000

貸倒引当金繰入　14

12/31	貸倒引当金	15,000	12/31	損　益	15,000

減価償却費　15

12/31	備　品	9,000	12/31	損　益	9,000

支払家賃　16

	60,000	12/31	損　益	60,000

雑　費　17

	47,000	12/31	損　益	47,000

損　益　18

❷	12/31	仕　入	450,000	12/31	売　上	718,000	
	〃	給　料	84,000	〃	雑　益	2,000	
	〃	貸倒引当金繰入	15,000				
	〃	減価償却費	9,000				
	〃	支払家賃	60,000				
	〃	雑　費	47,000				
❶	〃	資本金	55,000				
			720,000			720,000	

解説 1．決算整理事項の仕訳を転記する。
2．収益と費用の各勘定の残高を損益勘定に振り替える。
3．損益勘定の貸借差額から当期純損益を計算し，それを資本金勘定に振り替える。
4．各勘定を締め切る。
❶ 収益総額¥720,000 −費用総額¥665,000
＝当期純利益¥55,000
❷ これは当期の売上原価を意味する。3分法では売上原価の計算は仕入勘定で行う。

●24-2

総勘定元帳(一部)

現　金　1

		580,000			238,000
			12/31	次期繰越	342,000
		580,000			580,000
1/1	前期繰越	342,000			

売　掛　金　2

		532,000			132,000
			12/31	次期繰越	400,000
		532,000			532,000
1/1	前期繰越	400,000			

貸倒引当金　3

12/31	次期繰越	12,000			4,000
			12/31	貸倒引当金繰入	8,000
		12,000			12,000
			1/1	前期繰越	12,000

繰越商品　4

1/1	前期繰越	171,000	12/31	仕　入	171,000
12/31	仕　入	148,000	〃	次期繰越	148,000
		319,000			319,000
1/1	前期繰越	148,000			

備　品　5

		200,000	12/31	減価償却費	18,000
			〃	次期繰越	182,000
		200,000			200,000
1/1	前期繰越	182,000			

買　掛　金　6

		132,000			448,000
12/31	次期繰越	316,000			
		448,000			448,000
			1/1	前期繰越	316,000

借　入　金　7

		100,000			300,000
12/31	次期繰越	200,000			
		300,000			300,000
			1/1	前期繰越	200,000

資　本　金　8

12/31	引出金	20,000			500,000
〃	次期繰越	544,000	12/31	損　益	64,000
		564,000			564,000
			1/1	前期繰越	544,000

引　出　金　9

	20,000	12/31	資本金	20,000

繰越試算表
令和○年12月31日

借　方	勘定科目	貸　方
342,000	現　金	
400,000	売　掛　金	
	貸倒引当金	12,000
148,000	繰越商品	
182,000	備　品	
	買　掛　金	316,000
	借　入　金	200,000
	資　本　金	544,000
1,072,000		1,072,000

●24-3
(1) 決算整理仕訳

	借　方		貸　方	
a	仕　入	286,000	繰越商品	286,000
	繰越商品	263,000	仕　入	263,000
b	貸倒引当金繰入	15,000	貸倒引当金	15,000
c	減価償却費	25,000	備　品	25,000
d	雑　損	4,000	現　金	4,000
e	資　本　金	30,000	引　出　金	30,000

(2) 決算振替仕訳

	借 方		貸 方	
収益の振替	売　　上	1,245,000	損　　益	1,273,000
	受取手数料	28,000		
費用の振替	損　　益	1,188,000	仕　　入	849,000
			給　　料	157,000
			支払家賃	96,000
			雑　　費	32,000
			貸倒引当金繰入	15,000
			減価償却費	25,000
			支払利息	10,000
			雑　　損	4,000
損益の振替	損　　益	85,000	資　本　金	85,000

(3)

総 勘 定 元 帳

現 金　　1

	1,323,000			998,000
		12/31 雑　　損		4,000
		〃 次 期 繰 越		321,000
	1,323,000			1,323,000

当 座 預 金　　2

	1,218,000			555,000
		12/31 次 期 繰 越		663,000
	1,218,000			1,218,000

売 掛 金　　3

	838,000			418,000
		12/31 次 期 繰 越		420,000
	838,000			838,000

貸 倒 引 当 金　　4

12/31 次 期 繰 越	21,000			6,000
		12/31 貸倒引当金繰入		15,000
	21,000			21,000

繰 越 商 品　　5

	286,000	12/31 仕　　入		286,000
12/31 仕　　入	263,000	〃 次 期 繰 越		263,000
	549,000			549,000

備 品　　6

	300,000	12/31 減価償却費		25,000
		〃 次 期 繰 越		275,000
	300,000			300,000

買 掛 金　　7

	340,000			726,000
12/31 次 期 繰 越	386,000			
	726,000			726,000

借 入 金　　8

12/31 次 期 繰 越	280,000		280,000

資 本 金　　9

12/31 引 出 金	30,000			1,200,000
〃 次 期 繰 越	1,255,000	12/31 損　　益		85,000
	1,285,000			1,285,000

引 出 金　　10

	30,000	12/31 資 本 金	30,000

売 上　　11

	20,000			1,265,000
12/31 損　　益	1,245,000			
	1,265,000			1,265,000

受 取 手 数 料　　12

12/31 損　　益	28,000		28,000

仕 入　　13

	841,000			15,000
12/31 繰越商品	286,000	12/31 繰越商品		263,000
		〃 損　　益		849,000
	1,127,000			1,127,000

給 料　　14

	157,000	12/31 損　　益	157,000

支 払 家 賃　　15

	96,000	12/31 損　　益	96,000

雑 費　　16

	32,000	12/31 損　　益	32,000

貸 倒 引 当 金 繰 入　　17

12/31 貸倒引当金	15,000	12/31 損　　益	15,000

減 価 償 却 費　　18

12/31 備　　品	25,000	12/31 損　　益	25,000

支 払 利 息　　19

	10,000	12/31 損　　益	10,000

雑 損　　20

12/31 現　　金	4,000	12/31 損　　益	4,000

損 益　　21

12/31 仕　　入	849,000	12/31 売　　上		1,245,000
〃 給　　料	157,000	〃 受取手数料		28,000
〃 支 払 家 賃	96,000			
〃 雑　　費	32,000			
〃 貸倒引当金繰入	15,000			
〃 減価償却費	25,000			
〃 支 払 利 息	10,000			
〃 雑　　損	4,000			
〃 資 本 金	85,000			
	1,273,000			1,273,000

繰 越 試 算 表
令和○年12月31日

借 方	勘 定 科 目	貸 方
321,000	現　　　　金	
663,000	当 座 預 金	
420,000	売 掛 金	
	貸 倒 引 当 金	21,000
263,000	繰 越 商 品	
275,000	備　　　　品	
	買 掛 金	386,000
	借 入 金	280,000
	資 本 金	1,255,000
1,942,000		1,942,000

25 損益計算書と貸借対照表(1)　　(p.92)

例題 1

①売上高　②売上原価　③309,000　④貸倒引当金繰入
⑤3,000　⑥減価償却費　⑦40,000　⑧当期純利益
⑨66,000

●25-1

損 益 計 算 書

富山商店　令和○年1月1日から令和○年12月31日まで　（単位：円）

費　　用	金　　額	収　　益	金　　額
（売上原価）	237,000	（売　上　高）	486,000
給　　料	92,000	受 取 利 息	13,000
広　告　料	45,000		
貸倒引当金繰入	24,000		
減価償却費	36,000		
雑　　費	29,000		
支 払 利 息	8,000		
（当期純利益）	28,000		
	499,000		499,000

解説▶ 損益勘定の記入と損益計算書の記入で，異なる箇所を
きちんと把握すること。

●25-2

(1)

	借　　　方		貸　　　方	
a	仕　　入	510,000	繰 越 商 品	510,000
	繰 越 商 品	490,000	仕　　入	490,000
b	貸倒引当金繰入 ❶	26,000	貸倒引当金	26,000
c	減価償却費 ❷	225,000	備　　品	225,000

(2)

備　　　　品 ❸　　　　7

1/1 前期繰越	900,000	12/31 減価償却費	225,000
		〃　 次 期 繰 越	675,000
	900,000		900,000

(3)

損 益 計 算 書

愛知商店　令和○年1月1日から令和○年12月31日まで　（単位：円）

費　　用	金　　額	収　　益	金　　額
❹（売上原価）	2,401,000	売　上　高	5,034,000
給　　料	1,320,000	受取手数料	71,000
（貸倒引当金繰入）❶	26,000		
（減価償却費）❷	225,000		
支 払 地 代	792,000		
消 耗 品 費	40,000		
雑　　費	20,000		
（当期純利益）❺	281,000		
	5,105,000		5,105,000

解説▶　　売掛金残高　　　貸倒引当金残高
❶¥2,300,000 × 2％ － ¥20,000 ＝ ¥26,000
　　取得原価　残存価額　耐用年数
❷(¥1,125,000 － ¥0) ÷ 5年 ＝ ¥225,000
❸備品勘定は，決算整理仕訳を転記した後の残高を
「12/31　次期繰越　×××」を用いて締め切る。
❹仕入の元帳残高に決算整理仕訳aにしたがって（期
首商品棚卸高を加算し，期末商品棚卸高を減算する）
算出した金額を売上原価として記載する。
　仕入の元帳残高　期首商品棚卸高　期末商品棚卸高
　¥2,381,000 ＋ ¥510,000 － ¥490,000 ＝ ¥2,401,000
❺収益総額から費用総額を差し引いて求める。
　¥5,105,000 － ¥4,824,000 ＝ ¥281,000

例題 2

①200,000　②4,000　③196,000　④商品　⑤18,000
⑥120,000　⑦当期純利益　⑧66,000　⑨690,000

●25-3

貸 借 対 照 表

石川商店　令和○年(12)月(31)日　（単位：円）

資　　産	金　　額	負債・純資産	金　　額
現　金	114,000	買 掛 金	226,000
当座預金	355,000	資 本 金	700,000
売掛金 (180,000)		（当期純利益） ❸	50,000
❶ 貸倒引当金 (9,000)	171,000		
❷（商　品）	136,000		
（備　品）	200,000		
	976,000		976,000

解説▶ 繰越試算表の記入と貸借対照表の記入で，異なる箇所
をきちんと把握すること。
❶貸倒引当金は，売掛金から控除する形式で示す。
　売 掛 金　180,000
　貸倒引当金　　9,000　171,000
❷繰越商品は貸借対照表に示すときは「商品」とする。
❸資本金は期末の金額であるから，期首資本と当期純
利益とに分けて記入する。

●25-4

(1)

	借　　　方		貸　　　方	
a	仕　　入	890,000	繰 越 商 品	890,000
	繰 越 商 品	920,000	仕　　入	920,000
b	貸倒引当金繰入 ❶	50,000	貸倒引当金	50,000
c	減価償却費 ❷	135,000	備　　品	135,000

(2)

給　　　　料 ❸　　　　14

	1,368,000	12/31 損　　益	1,368,000

(3)

貸 借 対 照 表

関西商店　令和○年12月31日　（単位：円）

資　　産	金　　額	負債・純資産	金　　額
現　金	587,000	買 掛 金	1,878,000
当座預金	1,326,000	（借 入 金）	500,000
売掛金 (2,600,000) ❺		資 本 金	3,340,000
❹ 貸倒引当金 (78,000)	2,522,000	（当期純利益）❽	167,000
❻（商　品）	920,000		
（前 払 金）	125,000		
備　　品　　❼	405,000		
	5,885,000		5,885,000

解説▶　　売掛金残高　　　貸倒引当金残高
❶¥2,600,000 × 3％ － ¥28,000 ＝ ¥50,000
　　取得原価　残存価額　耐用年数
❷(¥1,080,000 － ¥0) ÷ 8年 ＝ ¥135,000
❸給料勘定の残高は損益勘定に振り替えられるので，
相手科目を損益，日付を12/31として締め切る。
❹貸倒引当金は売掛金から控除する形式で表示する。
　売掛金残高
　¥2,600,000 × 3％ ＝ ¥78,000
❺売掛金残高¥2,600,000 － 貸倒引当金¥78,000
　＝ ¥2,522,000
❻繰越商品は貸借対照表では「商品」として記載する。
　金額は期末商品棚卸高¥920,000である。
❼備品残高¥540,000 － ¥135,000❷ ＝ ¥405,000
❽資産総額から負債総額と資本金の額を差し引いて求
める。
　¥5,885,000 － ¥2,378,000 － ¥3,340,000 ＝ ¥167,000

◆決算(2)

26 決算と決算整理(2)　　　(p.96)

例題1，2
①備品減価償却累計額　②96,000

●26-1

借　　方		貸　　方	
減価償却費	250,000	備品減価償却累計額	250,000

●26-2

	減価償却費	減価償却累計額
第1期末	¥ 300,000	¥ 300,000
第2期末	¥ 240,000	¥ 540,000
第3期末	¥ 192,000	¥ 732,000

例題3
①備品減価償却累計額　②100,000

●26-3

	借　　方		貸　　方	
(1)	備品減価償却累計額	400,000	備品	500,000
	未収入金	180,000	固定資産売却益	80,000
(2)	備品減価償却累計額	800,000	備品	1,200,000
	営業外受取手形	300,000		
	固定資産売却損	100,000		

例題4，5
①有価証券評価益　②有価証券評価損

●26-4

借　　方		貸　　方	
有価証券評価損	20,000	有価証券	20,000

例題6～9
①未収利息　②10,000　③受取利息　④支払家賃
⑤30,000　⑥未払家賃　⑦受取地代　⑧60,000
⑨前受地代　⑩前払保険料　⑪5,000　⑫保険料

●26-5

	借　　方		貸　　方	
a	未収利息	8,000	受取利息	8,000
b	給料	18,000	未払給料	18,000
c	受取地代	4,000	前受地代	4,000
d	前払保険料	12,000	保険料	12,000
e	法定福利費	5,000	未払法定福利費	5,000

例題10，11
①消耗品　②消耗品費　③貯蔵品　④通信費　⑤租税公課

●26-6

	借　　方		貸　　方	
a	消耗品	7,000	消耗品費	7,000
b	貯蔵品	23,000	通信費	18,000
			租税公課	5,000

●26-7

	借　　方		貸　　方		
a	前払利息	32,000	支払利息	32,000	❶
b	給料	260,000	未払給料	260,000	
c	貯蔵品	20,000	租税公課	20,000	
d	受取地代	40,000	前受地代	40,000	❷

解説 ❶利息は12月分から11月分までの1年分が支払ってあるので，4月分から11月分までの8か月分が前払いとなる。
¥2,000,000×2.4%＝¥48,000(1年分の利息)
¥48,000÷12か月×8か月＝¥32,000
❷地代は6月分から5月分までを受け取ってあるので，4月・5月分の2か月分が前受となる。また，元帳勘定残高の¥280,000は，今年の6月1日に

受け取った12か月分と昨年受け取り分の再振替による2か月分の合計14か月分である。
¥280,000÷14か月×2か月＝¥40,000

●26-8

支払家賃

❶ ×1/7/1 (現　金) (480,000)		×2/3/31 (前払家賃) (240,000) ❸	
❷ ×2/1/1 (現　金) (480,000)		〃 (損　益) (720,000) ❹	
(960,000)		(960,000)	

前払家賃

❸ ×2/3/31 (支払家賃) (240,000)	×2/3/31 (次期繰越) (240,000) ❺
×2/4/1 前期繰越 (240,000)	

解説 ❶×1/7/1
(借)支払家賃 480,000　(貸)現　金 480,000
×1年7月分から×1年12月分までの半年分を現金で支払う。
月額¥80,000×6か月＝¥480,000

❷×2/1/1
(借)支払家賃 480,000　(貸)現　金 480,000
×2年1月分から×2年6月分までの半年分を現金で支払う。
月額¥80,000×6か月＝¥480,000

❸×2/3/31
(借)前払家賃 240,000　(貸)支払家賃 240,000
決算につき，×2年4月分から×2年6月分までの3か月分の前払高を支払家賃勘定から前払家賃勘定に振り替える。
月額¥80,000×3か月＝¥240,000

❹×2/3/31
(借)損　益 720,000　(貸)支払家賃 720,000
支払家賃勘定の残高を損益勘定に振り替え，支払家賃勘定を締め切る。

❺×2/3/31
前払家賃勘定を次期繰越で締め切る。

●27-1

	借　　方		貸　　方	
a	仕　　　　入	840,000	繰 越 商 品	840,000
	繰 越 商 品	870,000	仕　　　　入	870,000
b	貸倒引当金繰入❶	12,000	貸 倒 引 当 金	12,000
c	減 価 償 却 費	344,000	建物減価償却累計額❷	152,000
			備品減価償却累計額❸	192,000
d	有 価 証 券	30,000	有価証券評価益❹	30,000
e	消 耗 品	25,000	消 耗 品 費	25,000
f	前払保険料❺	315,000	保 険 料	315,000
g	受 取 地 代	28,000	前 受 地 代	28,000
h	未 収 利 息	15,000	受 取 利 息	15,000

精　算　表

令和○年12月31日

	残高試算表 借　方	残高試算表 貸　方	整理記入 借　方	整理記入 貸　方	損益計算書 借　方	損益計算書 貸　方	貸借対照表 借　方	貸借対照表 貸　方
現　　　　　金	800,000						800,000	
当 座 預 金	1,240,000						1,240,000	
受 取 手 形	650,000						650,000	
売 掛 金	1,500,000						1,500,000	
貸 倒 引 当 金		31,000		12,000				43,000
有 価 証 券	1,330,000		30,000				1,360,000	
繰 越 商 品	840,000		870,000	840,000			870,000	
貸 付 金	680,000						680,000	
建 物	3,800,000						3,800,000	
建物減価償却累計額		1,824,000		152,000				1,976,000
備 品	1,500,000						1,500,000	
備品減価償却累計額		540,000		192,000				732,000
土 地	1,480,000						1,480,000	
支 払 手 形		1,450,000						1,450,000
買 掛 金		2,070,000						2,070,000
資 本 金		7,000,000						7,000,000
売 上		8,950,000				8,950,000		
受 取 地 代		364,000	28,000			336,000		
受 取 利 息		12,000		15,000		27,000		
仕 入	4,700,000		840,000	870,000	4,670,000			
給 料	2,940,000				2,940,000			
保 険 料	704,000			315,000	389,000			
消 耗 品 費	63,000			25,000	38,000			
雑 費	14,000				14,000			
	22,241,000	22,241,000						
貸倒引当金繰入			12,000		12,000			
減 価 償 却 費			344,000		344,000			
有価証券評価(益)				30,000		30,000		
消 耗 品			25,000				25,000	
(前 払)保険料			315,000				315,000	
(前 受)地 代				28,000				28,000
未 収 利 息			15,000				15,000	
当期純(利 益)					936,000			936,000
			2,479,000	2,479,000	9,343,000	9,343,000	14,235,000	14,235,000

解説　❶　受取手形　　売掛金　　　貸倒引当金
　　　(¥650,000＋¥1,500,000)×2％－¥31,000＝¥12,000
❷建物(定額法)：(¥3,800,000－¥0)÷25年＝¥152,000
❸備品(定率法)：(¥1,500,000－¥540,000)×20％
　　　　　　　　＝¥192,000
❹　　時　価　　　　帳簿価額　　有価証券評価益
　20株×¥68,000－¥1,330,000＝¥30,000
❺前払期間は翌年1月から7月までの7か月
　¥540,000÷12か月×7か月＝¥315,000

精　算　表

令和○年12月31日

	残高試算表		整理記入		損益計算書		貸借対照表	
	借　方	貸　方	借　方	貸　方	借　方	貸　方	借　方	貸　方
現　　　　　金	812,000						812,000	
当 座 預 金	3,460,000						3,460,000	
受 取 手 形	1,300,000						1,300,000	
売 　掛 　金	2,200,000						2,200,000	
貸 倒 引 当 金		45,000		❷ 25,000				70,000
有 価 証 券	1,440,000			❹ 40,000			1,400,000	
繰 越 商 品	1,720,000		❶1,850,000	❶1,720,000			1,850,000	
建　　　　物	4,000,000						4,000,000	
建物減価償却累計額		1,760,000		❸ 160,000				1,920,000
備　　　　品	1,800,000						1,800,000	
備品減価償却累計額		360,000		❸ 288,000				648,000
支 払 手 形		2,190,000						2,190,000
買 　掛 　金		2,030,000						2,030,000
資 　本 　金		9,000,000						9,000,000
売　　　　上		20,940,000				20,940,000		
受 取 手 数 料		381,000	❽ 21,000			360,000		
仕　　　　入	16,620,000		❶1,720,000	❶1,850,000	16,490,000			
給　　　　料	2,160,000				2,160,000			
支 払 家 賃	960,000		❼ 192,000		1,152,000			
保 　険 　料	75,000			❻ 15,000	60,000			
租 税 公 課	73,000			❺ 25,000	48,000			
雑　　　　費	86,000				86,000			
	36,706,000	36,706,000						
貸倒引当金繰入			❷ 25,000		25,000			
減 価 償 却 費			❸ 448,000		448,000			
有価証券評価(損)			❹ 40,000		40,000			
(貯　蔵　品)			❺ 25,000				25,000	
(前　払)保険料			❻ 15,000				15,000	
(未　払)家　賃				❼ 192,000				192,000
前 受 手 数 料				❽ 21,000				21,000
当 期 純(利 益)					791,000			791,000
			4,336,000	4,336,000	21,300,000	21,300,000	16,862,000	16,862,000

解説▶ ❶(借)仕　　　　入 1,720,000　(貸)繰 越 商 品 1,720,000
　　　　繰 越 商 品 1,850,000　　　仕　　　　入 1,850,000
　❷(借)貸倒引当金繰入　25,000　(貸)貸倒引当金　25,000
　　　　　受取手形　売掛金　　　　　貸倒引当金
　　　(¥1,300,000+¥2,200,000)× 2 ％－¥45,000 ＝¥25,000
　❸(借)減価償却費　448,000　(貸)建物減価償却累計額 160,000
　　　　　　　　　　　　　　　　　備品減価償却累計額 288,000
　　　建物(定額法)：(¥4,000,000－¥0)÷25年＝¥160,000
　　　備品(定率法)：(¥1,800,000－¥360,000)×20％
　　　　　　　　　　＝¥288,000
　❹(借)有価証券評価損　40,000　(貸)有 価 証 券　40,000
　　　　　時　価　　　　帳簿価額　　有価証券評価損
　　　20株×¥70,000－¥1,440,000 ＝－¥40,000
　❺(借)貯 蔵 品　25,000　(貸)租 税 公 課　25,000
　❻(借)前払保険料　15,000　(貸)保 　険 　料　15,000
　　　前払期間は翌年 1 月から 3 月までの 3 か月
　　　¥60,000÷12か月× 3 か月＝¥15,000
　❼(借)支 払 家 賃　192,000　(貸)未 払 家 賃　192,000
　❽(借)受取手数料　21,000　(貸)前受手数料　21,000

●28-1

(1)

	借 方		貸 方	
①	貸倒引当金	80,000	売 掛 金	80,000

	借 方		貸 方	
a	仕 入	1,090,000	繰 越 商 品	1,090,000
	繰 越 商 品	1,140,000	仕 入	1,140,000
b	貸倒引当金繰入 ❶	87,000	貸倒引当金	87,000
c	減価償却費 ❷	270,000	備品減価償却累計額	270,000
d	有価証券評価損 ❸	100,000	有価証券	100,000
e	貯 蔵 品	13,000	通 信 費	13,000
f	前払保険料 ❹	108,000	保 険 料	108,000
g	支 払 家 賃	38,000	未 払 家 賃	38,000
h	現金過不足	30,000	雑 益	30,000

(2)

損 益 計 算 書

静岡商店　令和○年1月1日から令和○年12月31日まで　（単位：円）

費 用	金 額	収 益	金 額
売 上 原 価	7,300,000	売 上 高	9,860,000
給 料	895,000	受取手数料	273,000
（貸倒引当金繰入）	87,000	（雑 益）	30,000
（減価償却費）	270,000		
通 信 費	37,000		
支 払 家 賃	456,000		
保 険 料	132,000		
消 耗 品 費	65,000		
雑 費	19,000		
（有価証券評価損）	100,000		
（当期純利益）	802,000		
	10,163,000		10,163,000

貸 借 対 照 表

静岡商店　令和○年12月31日　（単位：円）

資 産	金 額	負債・純資産	金 額
現 金	542,000	支 払 手 形	1,280,000
当 座 預 金	3,440,000	買 掛 金	2,400,000
受取手形 (1,500,000)		前 受 金	250,000
貸倒引当金 (45,000)	1,455,000	（従業員預り金）	50,000
売 掛 金 (2,100,000)		（未払家賃）	38,000
貸倒引当金 (63,000)	2,037,000	資 本 金	6,000,000
有 価 証 券	1,275,000	（当期純利益）	802,000
商 品	1,140,000		
貯 蔵 品	13,000		
（前払保険料）	108,000		
備 品 (1,920,000)			
減価償却累計額 (1,110,000)	810,000		
	10,820,000		10,820,000

解説 ❶ 受取手形　売掛金
(¥1,500,000＋¥2,180,000－¥80,000)×3％

貸倒引当金
－(¥101,000－¥80,000)＝¥87,000

❷ (¥1,920,000－¥840,000)×25％＝¥270,000

❸ 時価　帳簿価額　有価証券評価損
25株×¥51,000－¥1,375,000＝－¥100,000

❹前払期間は翌年1月から9月までの9か月
¥144,000÷12か月×9か月＝¥108,000

●28-2

損 益 計 算 書

栃木商店　令和○年1月1日から令和○年12月31日まで　（単位：円）

費 用	金 額	収 益	金 額
売 上 原 価	12,200,000	売 上 高	16,905,000
給 料	2,142,000	受取手数料	123,000
発 送 費	345,000	（有価証券評価益）	105,000
（貸倒引当金繰入）	26,000	（固定資産売却益）	67,000
（減価償却費）	384,000		
支 払 家 賃	756,000		
保 険 料	183,000		
消 耗 品 費	85,000		
雑 費	45,000		
（支 払 利 息）	30,000		
（当期純利益）	1,004,000		
	17,200,000		17,200,000

貸 借 対 照 表

栃木商店　令和○年12月31日　（単位：円）

資 産	金 額	負債・純資産	金 額
現 金	829,000	支 払 手 形	1,136,000
当 座 預 金	2,357,000	買 掛 金	1,156,000
受取手形 (1,600,000)		（借 入 金）	1,500,000
貸倒引当金 (16,000)	1,584,000	（未払利息）	10,000
売 掛 金 (1,900,000)		資 本 金	6,880,000
貸倒引当金 (19,000)	1,881,000	（当期純利益）	1,004,000
有 価 証 券	1,925,000		
商 品	1,520,000		
消 耗 品	9,000		
（前払保険料）	45,000		
備 品 (3,750,000)			
減価償却累計額 (2,214,000)	1,536,000		
	11,686,000		11,686,000

解説 ▶ 付記事項
① (借)仮 受 金 120,000　(貸)売 掛 金 120,000
決算整理事項
a. (借)仕 入 1,240,000　(貸)繰 越 商 品 1,240,000
　　 繰 越 商 品 1,520,000　　 仕 入 1,520,000
b. (借)貸倒引当金繰入 26,000　(貸)貸倒引当金 26,000
受取手形　　売掛金　　　　　貸倒引当金
(¥1,600,000＋¥2,020,000－¥120,000)×1％－¥9,000
＝¥26,000
c. (借)減価償却費 384,000　(貸)備品減価償却累計額 384,000
(¥3,750,000－¥1,830,000)×20％＝¥384,000
d. (借)有 価 証 券 105,000　(貸)有価証券評価益 105,000
時価　　　帳簿価額　有価証券評価益
35株×¥55,000－¥1,820,000＝¥105,000
e. (借)消 耗 品 9,000　(貸)消 耗 品 費 9,000
f. (借)前払保険料 45,000　(貸)保 険 料 45,000
前払期間は翌年1月から3月までの3か月
¥180,000÷12か月×3か月＝¥45,000
g. (借)支 払 利 息 10,000　(貸)未 払 利 息 10,000
h. (借)資 本 金 120,000　(貸)引 出 金 120,000

例題1，2

①支店　②本店　③買掛金　④支店　⑤本店　⑥損益
⑦本店　⑧支店　⑨損益

●29-1

		借　　方		貸　　方	
(1)	本店	支　　店	360,000	仕　　入	360,000
	支店	仕　　入	360,000	本　　店	360,000
(2)	本店	支　　店	210,000	売　掛　金	210,000
	支店	現　　金	210,000	本　　店	210,000
(3)	本店	旅　　費	70,000	支　　店	70,000
	支店	本　　店	70,000	現　　金	70,000
(4)	本店	広　告　料	20,000	当　座　預　金	50,000
		支　　店	30,000		
	支店	広　告　料	30,000	本　　店	30,000
(5)	本店	損　　益	40,000	支　　店	40,000
	支店	本　　店	40,000	損　　益	40,000

例題3

①本店　②本店　③今市支店　④日光支店

●29-2

		借　　方		貸　　方	
(1)	足利支店	本　　店	270,000	仕　　入	270,000
	佐野支店	仕　　入	270,000	本　　店	270,000
	本　店	佐野支店	270,000	足利支店	270,000
(2)	桐生支店	現　　金	310,000	本　　店	310,000
	前橋支店	本　　店	310,000	売　掛　金	310,000
	本　店	桐生支店	310,000	前橋支店	310,000

例題4，5

①49,600　②13,000　③38,500　④16,000　⑤80,000
⑥13,640　⑦123,640　⑧110,000　⑨160　⑩4,000
⑪13,640

●29-3

合併損益計算書

栃木商店　　令和〇年1月1日から令和〇年12月31日まで　　（単位：円）

費　　用	金　　額	収　　益	金　　額
売 上 原 価	1,315,000	売　上　高	2,910,000
給　　料	366,000		
広　告　料	208,000		
支 払 家 賃	264,000		
貸倒引当金繰入	5,000		
減 価 償 却 費	390,000		
支 払 利 息	2,000		
(当期純利益)	360,000		
	2,910,000		2,910,000

合併貸借対照表

栃木商店　　令和〇年12月31日　　（単位：円）

資　　産	金　　額	負債・純資産	金　　額
現　　金	760,000	買　掛　金	589,000
売 掛 金 (700,000)		借　入　金	500,000
貸倒引当金 (21,000)	679,000	資　本　金	2,000,000
商　　品	840,000	(当期純利益)	360,000
備　　品	1,170,000		
	3,449,000		3,449,000

解説 ▶ 本店と支店の損益計算書と貸借対照表を作成し，合算して合併の財務諸表を作成する。なお，合併の貸借対照表の作成において，本店貸借対照表の支店勘定と支店貸借対照表の本店勘定の金額が一致していることを確認し，合併の貸借対照表には記載しない。

1．本店の損益計算書と貸借対照表の作成

未処理事項
①(借)支　　店　30,000　(貸)広　告　料　30,000

決算整理事項
a. (借)仕　　入　420,000　(貸)繰 越 商 品　420,000
　　　　繰 越 商 品　590,000　　　仕　　入　590,000
b. (借)貸倒引当金繰入　1,000　(貸)貸倒引当金　1,000
c. (借)減価償却費　260,000　(貸)備　　品　260,000

本店損益計算書

売 上 原 価	832,000	売　上　高	1,930,000
給　　料	240,000		
広　告　料	127,000		
支 払 家 賃	174,000		
貸倒引当金繰入	1,000		
減 価 償 却 費	260,000		
支 払 利 息	2,000		
当期純利益	294,000		
	1,930,000		1,930,000

本店貸借対照表

現　　金	507,000	買　掛　金	324,000
売　掛　金	400,000	借　入　金	500,000
商　　品	590,000	貸倒引当金	12,000
備　　品	780,000	資　本　金	2,000,000
支　　店	853,000	当期純利益	294,000
	3,130,000		3,130,000

2．支店の損益計算書と貸借対照表の作成

未処理事項
①(借)広　告　料　30,000　(貸)本　　店　30,000

決算整理事項
a. (借)仕　　入　230,000　(貸)繰 越 商 品　230,000
　　　　繰 越 商 品　250,000　　　仕　　入　250,000
b. (借)貸倒引当金繰入　4,000　(貸)貸倒引当金　4,000
c. (借)減価償却費　130,000　(貸)備　　品　130,000

支店損益計算書

売 上 原 価	483,000	売　上　高	980,000
給　　料	126,000		
広　告　料	81,000		
支 払 家 賃	90,000		
貸倒引当金繰入	4,000		
減 価 償 却 費	130,000		
当期純利益	66,000		
	980,000		980,000

支店貸借対照表

現　　金	253,000	買　掛　金	265,000
売　掛　金	300,000	貸倒引当金	9,000
商　　品	250,000	本　　店	853,000
備　　品	390,000	当期純利益	66,000
	1,193,000		1,193,000

◆株式会社の取引

30 株式会社の設立・増資 (p.114)

例題 1, 2
①10,000,000 ②資本金 ③7,000,000 ④資本準備金
⑤5,000,000 ⑥創立費 ⑦開業費

●30-1

	借 方		貸 方	
(1)	当 座 預 金	17,500,000	資 本 金	17,500,000
(2)	当 座 預 金	30,000,000	資 本 金	30,000,000
	創 立 費	200,000	当 座 預 金	200,000
(3)	当 座 預 金	32,000,000	資 本 金	16,000,000
			資本準備金	16,000,000
	創 立 費	500,000	当 座 預 金	500,000
(4)	創 立 費	1,000,000	当 座 預 金	1,000,000
(5)	開 業 費	350,000	当 座 預 金	350,000

例題 3
①株式交付費

●30-2

	借 方		貸 方	
(1)	当 座 預 金	35,000,000	資 本 金	35,000,000
(2)	当 座 預 金	60,000,000	資 本 金	30,000,000
			資本準備金	30,000,000
	株式交付費	1,200,000	当 座 預 金	1,200,000

31 剰余金の処分 (p.116)

例題
①繰越利益剰余金 ②970,000 ③未払配当金
④利益準備金 ⑤繰越利益剰余金 ⑥400,000

●31-1

	借 方		貸 方	
(1)	損 益	1,280,000	繰越利益剰余金	1,280,000
(2)	繰越利益剰余金	1,180,000	未払配当金	800,000
			利益準備金	80,000
			別途積立金	300,000
(3)	未払配当金	800,000	普 通 預 金	800,000
(4)	損 益	1,350,000	繰越利益剰余金	1,350,000

●31-2

	借 方		貸 方	
(1)	繰越利益剰余金	920,000	損 益	920,000
(2)	別途積立金	450,000	繰越利益剰余金	750,000
	新築積立金	300,000		
(3)	損 益	590,000	繰越利益剰余金	590,000

32 株式会社の税金 (p.118)

例題
①仮払法人税等 ②法人税, 住民税及び事業税(または, 法
人税等) ③315,000 ④未払法人税等 ⑤165,000

●32-1

	借 方		貸 方	
(1)	仮払法人税等 ❶	300,000	現 金	300,000
(2)	法人税, 住民税及び事業税(または, 法人税等)	700,000	仮払法人税等	300,000
			未払法人税等 ❷	400,000
(3)	未払法人税等	400,000	現 金	400,000

解説 ❶法人税, 住民税及び事業税を中間申告で納付した額
は, 仮払法人税等勘定で処理する。
❷法人税, 住民税及び事業税の決算時の未払額は, 未
払法人税等勘定で処理する。

●32-2

¥ ❶ 420,000

解説
| 収益総額 | 費用総額 | 税引前当期純利益 |
❶¥3,500,000 − ¥2,300,000 = ¥1,200,000
¥1,200,000 × 35% = ¥420,000

●32-3

	借 方		貸 方	
(1)	損 益	3,260,000	繰越利益剰余金	3,260,000
(2)	当 座 預 金	37,500,000	資 本 金	37,500,000
(3)	法人税, 住民税及び事業税(または, 法人税等)	1,360,000	仮払法人税等	570,000
			未払法人税等	790,000
(4)	当 座 預 金	28,000,000	資 本 金	28,000,000
(5)	繰越利益剰余金	4,070,000	未払配当金	3,700,000
			利益準備金	370,000
(6)	繰越利益剰余金	860,000	損 益	860,000
(7)	仮払法人税等	390,000	現 金	390,000
(8)	未払法人税等	620,000	現 金	620,000

●32-4

¥ ❶ 572,000

解説
| 収益総額 | 費用総額 | 税引前当期純利益 |
❶¥5,630,000 − ¥4,200,000 = ¥1,430,000
¥1,430,000 × 40% = ¥572,000

30

◆決算(3)

33 精算表(3) (p.120)

例題 1
①7,500　②7,500

● 33-1

精 算 表

勘定科目	残高試算表 借方	残高試算表 貸方	整理記入 借方	整理記入 貸方	損益計算書 借方	損益計算書 貸方	貸借対照表 借方	貸借対照表 貸方
現　　　　金	180,000						180,000	
普通預金Ａ銀行	1,176,000			❶ 500,000			675,300	
				❷ 700				
普通預金Ｂ銀行	258,000		❶ 500,000				758,000	
売　　掛　　金	450,000						450,000	
繰　越　商　品	172,000		❻ 120,000	❻ 172,000			120,000	
備　　　　品	450,000						450,000	
土　　　　地	310,000						310,000	
買　　掛　　金		140,000						140,000
未　　払　　金		20,000		❸ 8,200				28,200
借　　入　　金		180,000						180,000
貸　倒　引　当　金		8,000		❹ 10,000				18,000
備品減価償却累計額		172,500		❼ 7,500				180,000
資　　本　　金		1,200,000						1,200,000
繰越利益剰余金		549,000						549,000
売　　　　上		4,625,000				4,625,000		
仕　　　　入	2,875,000		❻ 172,000	❻ 120,000	2,927,000			
給　　　　料	390,000		❽ 14,000		404,000			
支　払　家　賃	490,000				490,000			
旅　費　交　通　費	37,500		❸ 8,200		45,700			
支　払　手　数　料	2,000		❷ 700		2,700			
租　税　公　課	12,500			❺ 2,500	10,000			
減　価　償　却　費	82,500		❼ 7,500		90,000			
支　払　利　息	9,000			❾ 6,000	3,000			
	6,894,500	6,894,500						
貸倒引当金繰入			❹ 10,000		10,000			
(貯　蔵　品)			❺ 2,500				2,500	
(未　払)給　料				❽ 14,000				14,000
(前　払)利　息			❾ 6,000				6,000	
当 期 純(利 益)					642,600			642,600
			840,900	840,900	4,625,000	4,625,000	2,951,800	2,951,800

解説
❶(借)普通預金Ｂ銀行 500,000　(貸)普通預金Ａ銀行 500,000
❷(借)支払手数料　700　(貸)普通預金Ａ銀行　700
❸(借)旅費交通費　8,200　(貸)未 払 金　8,200
❹(借)貸倒引当金繰入 10,000　(貸)貸倒引当金 10,000
　　　売掛金残高　　　貸倒引当金残高
　　¥450,000 × 4％ － ¥8,000 ＝ ¥10,000
❺(借)貯 蔵 品　2,500　(貸)租 税 公 課　2,500
　　収入印紙は租税公課勘定に費用として計上されている。
❻(借)仕　　　入 172,000　(貸)繰 越 商 品 172,000
　　　繰 越 商 品 120,000　　仕　　　入 120,000
❼(借)減価償却費　7,500　(貸)備 品 減 価
　　　　　　　　　　　　　　　償却累計額　7,500
　　減価償却費の計上は月次処理によっているので，1
　　か月分の減価償却費を計上する。
　　備品の取得原価は残高試算表の¥450,000である。
　　　取得原価 残存価額 耐用年数
　　(¥450,000 － ¥0) ÷ 5 年 ＝ ¥90,000(1年分の減価償却費)
　　¥90,000 ÷ 12か月 ＝ ¥7,500
❽(借)給　　　料 14,000　(貸)未 払 給 料 14,000
❾(借)前 払 利 息　6,000　(貸)支 払 利 息　6,000
　　利息は12月分から11月分までの1年分が支払って

あるので，4月分から11月分までの8か月分が前
払いとなっている。この前払高を支払利息勘定から
差し引くとともに，前払利息勘定に計上する。
¥180,000 × 5％ ＝ ¥9,000(1年分の利息)
¥9,000 ÷ 12か月 × 8か月 ＝ ¥6,000

例題 2
①売上原価　②繰越商品

精 算 表

勘定科目	残高試算表 借方	残高試算表 貸方	整理記入 借方	整理記入 貸方	損益計算書 借方	損益計算書 貸方	貸借対照表 借方	貸借対照表 貸方
現 金	178,000						178,000	
当 座 預 金		197,000	❶ 80,000 ❷ 117,000					
電 子 記 録 債 権	200,000						200,000	
売 掛 金	375,000			❶ 80,000			295,000	
仮 払 消 費 税	288,000			❹ 288,000				
繰 越 商 品	460,000		❺ 419,000	❺ 460,000			419,000	
建 物	1,200,000						1,200,000	
土 地	820,000						820,000	
買 掛 金		120,000						120,000
借 入 金		150,000						150,000
仮 受 消 費 税		392,000	❹ 392,000					
貸 倒 引 当 金		9,000		❸ 10,800				19,800
建物減価償却累計額		480,000		❻ 40,000				520,000
資 本 金		1,000,000						1,000,000
繰 越 利 益 剰 余 金		365,000						365,000
売 上		4,900,000				4,900,000		
仕 入	3,600,000			❺ 3,600,000				
給 料	454,000				454,000			
旅 費 交 通 費	25,000				25,000			
保 険 料	10,000			❼ 4,000	6,000			
支 払 利 息	3,000		❽ 2,000		5,000			
	7,613,000	7,613,000						
当 座 借 越				❷ 117,000				117,000
貸 倒 引 当 金 繰 入			❸ 10,800		10,800			
未 払 消 費 税				❹ 104,000				104,000
売 上 原 価			❺ 460,000 ❺ 3,600,000	❺ 419,000	3,641,000			
減 価 償 却 費			❻ 40,000		40,000			
(前 払)保 険 料			❼ 4,000				4,000	
(未 払)利 息				❽ 2,000				2,000
当 期 純(利 益)					718,200			718,200
			5,124,800	5,124,800	4,900,000	4,900,000	3,116,000	3,116,000

解説 ❶(借)当 座 預 金 80,000 (貸)売 掛 金 80,000
❷(借)当 座 預 金 117,000 (貸)当 座 借 越 117,000
　当座預金の貸方残高：¥197,000 − ¥80,000❶
　　　　　　　　　　　＝¥117,000
❸(借)貸倒引当金繰入 10,800 (貸)貸倒引当金 10,800
　売掛金の期末残高：¥375,000 − ¥80,000❶
　　　　　　　　　　＝¥295,000
　　売掛金残高　電子記録債権残高　貸倒引当金残高
　(¥295,000 + ¥200,000)× 4 % − ¥9,000
　＝¥10,800
❹(借)仮受消費税 392,000 (貸)仮払消費税 288,000
　　　　　　　　　　　　　　　未払消費税 104,000
❺(借)売 上 原 価 460,000 (貸)繰 越 商 品 460,000
　(借)売 上 原 価 3,600,000 (貸)仕 入 3,600,000
　(借)繰 越 商 品 419,000 (貸)売 上 原 価 419,000
　売上原価の行で計算するので，繰越商品勘定の残高
　と仕入勘定の残高を売上原価勘定に振り替え，期末
　商品棚卸高の金額を売上原価勘定から繰越商品勘定
　に振り替える。
❻(借)減価償却費 40,000 (貸)建 物 減 価 償却累計額 40,000
　建物の取得原価は残高試算表の¥1,200,000である。
　　　取得原価　残存価額　耐用年数
　(¥1,200,000 − ¥0)÷ 30年＝¥40,000
❼(借)前払保険料 4,000 (貸)保 険 料 4,000

❽(借)支 払 利 息 2,000 (貸)未 払 利 息 2,000
　利息は6月分から11月分までの半年分が11月末に
　支払われているが，12月分から3月分までの4か
　月分は未払いとなっている。この未払高を支払利息
　勘定に加算するとともに未払利息勘定に計上する。
　¥150,000 × 4 %＝¥6,000（1年分の利息）
　¥6,000 ÷ 12か月 × 4か月＝¥2,000

●34-1

貸　借　対　照　表

×２年３月31日　　　　　（単位：円）

現　　金	❶	316,800	買 掛 金	(384,000)
普通預金		685,200	社会保険料預り金	(15,600)
売 掛 金	❹ 480,000		借 入 金	❸ 187,200
(貸倒引当金)	△ 9,600	470,400	未 払 費 用	❾ 15,600
商　　品	❺	130,800	未払法人税等	❿ 81,600
前 払 費 用	❼	9,000	資 本 金	(2,160,000)
(未収)収益	❽	14,400	繰越利益剰余金	⓫ 834,600
建　　物	(1,080,000)			
減価償却累計額	△ 252,000	828,000		
備　　品	(480,000)			
減価償却累計額	△ 384,000	96,000		
土　　地		1,128,000		
		(3,678,600)		(3,678,600)

損　益　計　算　書

×１年４月１日から×２年３月31日まで　（単位：円）

売 上 原 価	❺	2,318,400	売 上 高		3,984,000
給　　料	(	576,000)	受取手数料	❽	110,400
広告宣伝費	(	350,400)			
保 険 料	❼	12,600			
旅費交通費	❶	112,800			
法定福利費	❾	183,600			
貸倒引当金繰入	❹	3,600			
減価償却費	❻	132,000			
雑　　（損）	❶	1,200			
法人税, 住民税及び事業税	❿	136,800			
当期純(利益)	⓫	267,000			
		(4,094,400)			(4,094,400)

解説 ❶(借)旅費交通費 12,000 (貸)現　　金 13,200
　　　　　　雑　　損 1,200
❷(借)当 座 預 金 84,000 (貸)売 掛 金 84,000
❸(借)当 座 預 金 187,200 (貸)借 入 金 187,200
　　当座預金の貸方残高：¥271,200 － ¥84,000❷
　　　　　　　　　　　　＝ ¥187,200
❹(借)貸倒引当金繰入 3,600 (貸)貸倒引当金 3,600
　　売掛金の期末残高：¥564,000 － ¥84,000❷
　　　　　　　　　　　＝ ¥480,000
　　 売掛金残高　　　 貸倒引当金残高
　　¥480,000 × 2 ％ － ¥6,000 ＝ ¥3,600
❺(借)仕　　入 169,200 (貸)繰越商品 169,200
　　　繰越商品 130,800　　仕　　入 130,800
　　仕訳転記後の仕入勘定の残高¥2,318,400は売上原価として損益計算書に計上する。
❻(借)減価償却費 132,000 (貸)建物減価償却累計額 36,000
　　　　　　　　　　　　　　　備品減価償却累計額 96,000
　　建物の取得原価は決算整理前残高試算表の¥1,080,000であり，備品の取得原価は¥480,000である。
　　　　　　　　取得原価　残存価額 耐用年数
　　建物：(¥1,080,000 － ¥0) ÷ 30年 ＝ ¥36,000
　　　　　　　　取得原価 残存価額 耐用年数
　　備品：(¥480,000 － ¥0) ÷ 5 年 ＝ ¥96,000
❼(借)前払保険料 9,000 (貸)保 険 料 9,000
　　保険料は9月分から8月分までの1年分が支払ってあるので，4月分から8月分までの5か月分が前払いとなっている。この前払高を保険料勘定から差し引くとともに，前払保険料勘定に計上する。なお，

前払保険料は前払費用として貸借対照表に計上する。
　　¥21,600 ÷ 12か月 × 5 か月 ＝ ¥9,000
❽(借)未収手数料 14,400 (貸)受取手数料 14,400
　　未収手数料は未収収益として貸借対照表に計上する。
❾(借)法定福利費 15,600 (貸)未払法定福利費 15,600
　　未払法定福利費は未払費用として貸借対照表に計上する。
❿(借)法人税, 住民税及び事業税 136,800 (貸)仮払法人税等 55,200
　　　　　　　　　　　　　　　　　未払法人税等 81,600
⓫貸借対照表の繰越利益剰余金と損益計算書の当期純利益はそれぞれ貸借差額として計算する。また，繰越利益剰余金と当期純利益には次のような関係がある。
　残高試算表の　　　損益計算書の　　　貸借対照表の
　繰越利益剰余金　　当期純利益　　　　繰越利益剰余金
　¥567,600 ＋ ¥267,000 ＝ ¥834,600

●34-2

貸　借　対　照　表

× 2 年 3 月31日　　　　　（単位：円）

現　　金	❶	113,000	買 掛 金	❷ 287,000
当 座 預 金	❷	358,000	社会保険料預り金	(7,500)
電子記録債権	(176,000)		前 受 収 益	❼ 39,000
売 掛 金	(201,500)		(未払)費用	❽ 7,500
❸(貸倒引当金)	△ 15,100	362,400	未払法人税等	❾ 54,500
商　　品	❹	145,000	資 本 金	(1,250,000)
貯 蔵 品	❻	2,000	繰越利益剰余金	❿ 1,059,900
建　　物	(1,000,000)			
減価償却累計額	❺△ 150,000	850,000		
備　　品	(200,000)			
減価償却累計額	❺△ 75,000	125,000		
土　　地		750,000		
		(2,705,400)		(2,705,400)

損　益　計　算　書

×１年４月１日から×２年３月31日まで　（単位：円）

売 上 原 価	❹	3,758,000	売 上 高	(	4,597,500)
給　　料	(	310,000)	受取手数料	❼	176,500
広告宣伝費	(	62,500)			
通 信 費	❻	28,000			
水道光熱費	(	18,500)			
法定福利費	❽	87,500			
貸倒引当金繰入	❸	8,100			
減価償却費	❺	75,000			
雑　　（損）	❶	7,000			
法人税, 住民税及び事業税	❾	114,500			
当期純(利益)	❿	304,900			
		(4,774,000)			(4,774,000)

解説 ❶(借)雑　　損 7,000 (貸)現　　金 7,000
❷(借)買 掛 金 100,000 (貸)当 座 預 金 100,000
❸(借)貸倒引当金繰入 8,100 (貸)貸倒引当金 8,100
　　 電子記録債権残高　 売掛金残高　　　 貸倒引当金残高
　　(¥176,000 ＋ ¥201,500) × 4 ％ － ¥7,000
　　＝ ¥8,100
❹(借)仕　　入 165,000 (貸)繰越商品 165,000
　　　繰越商品 145,000　　仕　　入 145,000
　　仕訳転記後の仕入勘定の残高¥3,758,000は売上原価として損益計算書に計上する。
❺(借)減価償却費 75,000 (貸)建物減価償却累計額 25,000
　　　　　　　　　　　　　　　備品減価償却累計額 50,000
　　建物の取得原価は決算整理前残高試算表の

¥1,000,000であり，備品の取得原価は¥200,000である。

建物：(¥1,000,000 − ¥0) ÷ 40年 ＝ ¥25,000
（取得原価 残存価額 耐用年数）

備品：(¥200,000 − ¥0) ÷ 4年 ＝ ¥50,000
（取得原価 残存価額 耐用年数）

❻(借)貯　蔵　品　2,000　(貸)通　信　費　2,000
郵便切手は通信費勘定に費用として計上されている。

❼(借)受取手数料　39,000　(貸)前受手数料　39,000
前受手数料は前受収益として貸借対照表に計上する。

❽(借)法定福利費　7,500　(貸)未払法定福利費　7,500
未払法定福利費は未払費用として貸借対照表に計上する。

❾(借)法人税, 住民税 及び事業税　114,500　(貸)仮払法人税等　60,000
　　　　　　　　　　　　　　　　　　未払法人税等　54,500

❿貸借対照表の繰越利益剰余金と損益計算書の当期純利益はそれぞれ貸借差額として計算する。また，繰越利益剰余金と当期純利益には次のような関係がある。

残高試算表の繰越利益剰余金	損益計算書の当期純利益	貸借対照表の繰越利益剰余金
¥755,000	＋ ¥304,900	＝ ¥1,059,900

19 2 次の取引の仕訳を示しなさい。

(1) 商品を売り上げ，品物とともに次の納品書兼請求書の原本を発送し，代金の全額を掛けとして処理した。また，岐阜商店への請求額と同額の送料を現金で支払った。

納品書兼請求書（控）			令和○年4月1日
岐阜商店 御中			株式会社千葉商事

品　　　物	数量	単価	金　　額
お子様カレー　甘口	50	120	¥ 6,000
お手頃カレー　中辛	200	150	¥ 30,000
送料	－	－	¥ 1,000
		合　　計	¥ 37,000

令和○年4月19日までに合計額を下記口座にお振り込みください。
木更津銀行本店　当座 1129090　　カ）チバショウジ

(2) 佐賀商店に対する1か月分の売上（月末締め，翌月20日払い）を集計して次の請求書の原本を発送した。なお，佐賀商店に対する売上は商品発送時ではなく1か月分をまとめて仕訳を行うこととしている。

請　求　書（控）			令和○年5月10日
佐賀商店 御中			株式会社千葉商事

品　　　物	数量	単価	金　　額
お子様カレー　甘口	200	120	¥ 24,000
お手頃カレー　中辛	500	150	¥ 75,000
お手頃カレー　辛口	300	150	¥ 45,000
		合　　計	¥ 144,000

令和○年5月20日までに合計額を下記口座にお振り込みください。
木更津銀行本店　当座 1129090　　カ）チバショウジ

(3) 店頭における一日分の売り上げの仕訳を行うにあたり，集計結果は次のとおりであった。また，合計額のうち¥27,500はクレジットカード，残りは現金による決済であった。なお，消費税については，税抜方式で記帳している。

売 上 集 計 表			
			令和○年11月23日
品　　　物	数量	単価	金　　額
Tシャツ　Mサイズ	35	2,400	¥ 84,000
Tシャツ　Lサイズ	20	2,600	¥ 52,000
Tシャツ　2Lサイズ	10	2,700	¥ 27,000
		消 費 税	¥ 16,300
		合　　計	¥ 179,300

	借　　　　方	貸　　　　方
(1)		
(2)		
(3)		

19. 証ひょう　75

19 3 次の取引の仕訳を示しなさい。

(1) 出張から戻った従業員から次の領収書と報告書が提出されるとともに，かねて概算払いしていた¥20,000との差額を現金で受け取った。なお，1回¥3,000以下の電車賃は従業員からの領収書の提出を不要としている。

```
        領  収  書
        運賃  ¥3,200-
上記のとおり領収いたしました。
            株式会社日立交通
```

```
        領  収  書
宿泊費  1名  ¥6,500-
上記のとおり領収いたしました。
            ホテル茨城
```

旅費交通費等報告書			令和〇年5月1日 関東太郎
移動先	手段等	領収書	金　額
日立駅	電車	無	¥ 2,590
日立商店	タクシー	有	¥ 3,200
ホテル茨城	宿泊	有	¥ 6,500
帰社	電車	無	¥ 2,590
合　　計			¥ 14,880

(2) 事務所の賃借契約を行い，下記の振込依頼書どおりに当社普通預金口座から振り込み，賃借を開始した。ただし，仲介手数料は費用として処理すること。

振　込　依　頼　書　　　　令和〇年10月1日

株式会社山口商事 御中

株式会社下関不動産

内　　　　　容	金　額
仲介手数料	¥　250,000
敷金	¥　750,000
初月賃料	¥　250,000
合　　計	¥ 1,250,000

宇部銀行南支店　普通　1983317　　カ)シモノセキフドウサン

(3) 取引銀行のインターネットバンキングサービスから当座勘定照合表（入出金明細）を参照したところ，次のとおりであった。そこで，6月7日の取引について必要な仕訳を示しなさい。

当　座　勘　定　照　合　表　　　　令和〇年6月20日

大分株式会社 御中

九州銀行別府支店

取引日	摘　　要	お支払金額	お預り金額	取引残高
6．7	融資ご返済	1,000,000		省略
6．7	融資お利息	8,000		
⋮	⋮	⋮	⋮	

	借　　　方	貸　　　方
(1)		
(2)		
(3)		

20 会計ソフトウェア

会計ソフトウェアの活用　全商3

　会計ソフトウェアによる会計処理では，仕訳データの入力を行ったあとの会計手続きは会計ソフトウェアにより自動的に処理される。したがって，会計ソフトウェアによる会計処理では，取引を仕訳データとして正しく入力することが重要である。また，会計ソフトウェアによる会計処理には次のような利点がある。
①　正確かつ迅速な会計処理
②　労力の省力化と保存費用の軽減
③　会計業務の効率化

例題　鳥取商店は，取引を下記の形式の仕訳データとして会計ソフトウェアに入力している。よって，次の取引を仕訳データにしなさい。

10月25日　山梨文具店から事務用品¥5,700を購入し，代金は現金で支払った。

　　　　日付をmm/ddの形式で記入する　　　事務用品は消耗品費になる　　　現金の減少を記入する

仕訳データの形式

振替伝票　日付（D）：　10/25

借方科目	借方金額	貸方科目	貸方金額	摘　　要
①	5,700	②	5,700	山梨文具店から事務用品購入

---

20 1 会計ソフトウェアによる会計処理の利点を 3 つ答えなさい。

①	
②	
③	

---

20 2 次の取引を下記の形式の仕訳データにしなさい。

10月27日　インターネット接続料¥7,500が普通預金口座から引き落とされ，通信業者に支払われた。

振替伝票　日付（D）：

借方科目	借方金額	貸方科目	貸方金額	摘　　要

28日　山口商店から次の商品を仕入れ，代金は掛けとした。なお，買掛金に対して補助科目は設定していない。

　　　　A　品　　　300個　　　@¥500　　　¥150,000

振替伝票　日付（D）：

借方科目	借方金額	貸方科目	貸方金額	摘　　要

21 試算表

試算表 [全商3] [日商] [全経]

　仕訳帳から総勘定元帳への転記が正しく行われたかを，借方の合計額と貸方の合計額が一致するかどうかで確認する表を**試算表**という。試算表には次の3種類がある。

例題 次の資料を用いて各試算表を完成しなさい。

1 合計試算表

　すべての勘定の借方合計金額と貸方合計金額を集めて作成する。

(借) 現　　金	40,000	(貸) 資 本 金	40,000	
(借) 仕　　入	25,000	(貸) 買 掛 金	25,000	
(借) 現　　金	30,000	(貸) 売　　上	30,000	
(借) 買 掛 金	15,000	(貸) 現　　金	15,000	
借方合計金額	110,000	貸方合計金額	110,000	

現　　金　1		買 掛 金　2	
40,000	15,000	15,000	25,000
30,000		資 本 金　3	
			40,000
売　　上　4		仕　　入　5	
	30,000	25,000	

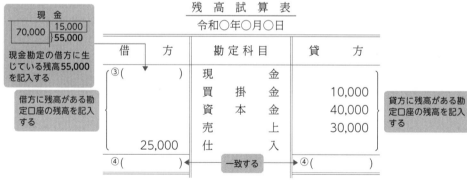

合 計 試 算 表
令和○年○月○日

現金勘定の借方合計金額70,000を記入する

借　　方	勘定科目	貸　　方
①(　　　　)	現　　金	②(　　　　)
15,000	買 掛 金	25,000
	資 本 金	40,000
	売　　上	30,000
25,000	仕　　入	
110,000	←一致する→	110,000

現金勘定の貸方合計金額15,000を記入する

勘定口座ごとの借方合計金額を記入する

勘定口座ごとの貸方合計金額を記入する

2 残高試算表

すべての勘定口座の残高を集めて作成する。

現　金	
70,000	15,000
	55,000

現金勘定の借方に生じている残高55,000を記入する

残 高 試 算 表
令和○年○月○日

借　　方	勘定科目	貸　　方
③(　　　　)	現　　金	
	買 掛 金	10,000
	資 本 金	40,000
	売　　上	30,000
25,000	仕　　入	
④(　　　　)	←一致する→	④(　　　　)

借方に残高がある勘定口座の残高を記入する

貸方に残高がある勘定口座の残高を記入する

3 合計残高試算表

合計試算表と残高試算表を合わせて，一つの試算表としたもの。

合 計 残 高 試 算 表
令和○年○月○日

借　　方		勘定科目	貸　　方	
残　　高	合　　計		合　　計	残　　高
③(　　　)	①(　　　)	現　　金	②(　　　)	
25,000	25,000	仕　　入		
④(　　　)	110,000		110,000	④(　　　)

21 1 次の取引について勘定口座の(　　)の中に金額を記入し，合計試算表を作成しなさい。

取　引

(1) 商品¥120,000を仕入れ，代金は掛けとした。
(2) 売掛金のうち¥160,000を現金で受け取った。
(3) 商品¥400,000を売り渡し，代金は掛けとした。
(4) 買掛金のうち¥180,000を現金で支払った

現　　金　　　1		売　掛　金　　　2		買　掛　金　　　3	
750,000	480,000	500,000	200,000	100,000	300,000
(　　　　)	(　　　　)	(　　　　)	(　　　　)	(　　　　)	(　　　　)

資　本　金　　　4		売　　上　　　5		仕　　入　　　6	
	700,000		650,000	900,000	
			(　　　　)	(　　　　)	

給　　料　　　7	
80,000	

(注) すでに記帳されている金額は，今までに発生した期中の取引額の合計である。

合　計　試　算　表
令和○年6月30日

借　　方	勘定科目	貸　　方
	現　　　　金	
	売　　掛　　金	
	買　　掛　　金	
	資　　本　　金	
	売　　　　上	
	仕　　　　入	
	給　　　　料	

21 2 前問**21 1**の勘定口座の記録から，合計残高試算表を作成しなさい。

合　計　残　高　試　算　表
令和○年6月30日

借　　方		勘定科目	貸　　方	
残　　高	合　　計		合　　計	残　　高
		現　　　　金		
		売　　掛　　金		
		買　　掛　　金		
		資　　本　　金		
		売　　　　上		
		仕　　　　入		
		給　　　　料		

全商

日商

全経

21　3　次の取引について勘定口座の（　　）の中に金額を記入し，合計残高試算表を作成しなさい。

取　引

(1)　商品￥500,000を売り渡し，代金のうち￥200,000は先方振り出しの小切手で受け取り，残額は掛けとした。

(2)　商品￥320,000を仕入れ，代金のうち￥200,000は現金で支払い，残額は掛けとした。

(3)　売掛金のうち￥350,000を先方振り出しの小切手で受け取り，ただちに当座預金とした。

(4)　店舗の家賃￥60,000を，小切手を振り出して支払った。

(5)　商品売買の仲介をし，手数料￥30,000を現金で受け取った。

(6)　商品￥270,000を仕入れ，代金のうち￥120,000は現金で支払い，残額は掛けとした。

(7)　買掛金のうち￥300,000を，小切手を振り出して支払った。

(8)　商品￥480,000を売り渡し，代金のうち￥200,000は先方振り出しの小切手で受け取り，ただちに当座預金とし，残額は掛けとした。

現　　金　　1		当 座 預 金　　2		売 掛 金　　3	
850,000	410,000	1,330,000	560,000	800,000	450,000
（　　　）	（　　　）	（　　　）	（　　　）	（　　　）	（　　　）
（　　　）	（　　　）	（　　　）	（　　　）	（　　　）	

買 掛 金　　4		資 本 金　　5		売　　上　　6	
350,000	600,000		1,000,000		2,390,000
（　　　）	（　　　）				（　　　）
	（　　　）				（　　　）

受 取 手 数 料　　7		仕　　入　　8		支 払 家 賃　　9	
	90,000	1,870,000		300,000	
	（　　　）	（　　　）		（　　　）	
		（　　　）			

（注）　すでに記帳されている金額は，今までに発生した期中の取引額の合計である。

合 計 残 高 試 算 表
令和○年4月30日

借　　方		勘定科目	貸　　方	
残　　高	合　　計		合　　計	残　　高

決算・決算整理事項　全商3　日商　全経

期末の帳簿の記録を整理し，すべての帳簿を締め切り，損益計算書と貸借対照表を作成する一連の手続きを**決算**といい，次の順序で行われる。

ⅰ　決算の予備手続き　…　試算表の作成・決算整理仕訳・精算表の作成

ⅱ　決算の本手続き　…　総勘定元帳の整理・締め切り

ⅲ　決算の報告　…　損益計算書と貸借対照表の作成

決算にあたり，各勘定が正しい実際有高やその期間の収益・費用額を示すように，帳簿記録を修正する手続きを**決算整理**といい，決算整理仕訳を行う事項を**決算整理事項**という。決算整理事項には現金過不足勘定の処理・引出金の整理(個人企業)のほかに，次のような事項がある。

1 3分法による商品に関する勘定の整理 (売上原価の計算)

仕入勘定に期首商品棚卸高(繰越商品勘定の期首残高)を加算し，期末商品棚卸高を減算することにより，仕入勘定の金額を売上原価の金額に修正する。

2 貸し倒れの見積もり

売掛金などの債権は，貸し倒れが予想されるので，予想額を見積もり貸倒引当金を設定する。見積額から貸倒引当金勘定の残高を差し引いた金額を貸倒引当金勘定に加算し，同額を**貸倒引当金繰入勘定(費用)**に計上する(差額補充法)。

3 固定資産の減価償却

備品などの固定資産は使用または時の経過により価値が減少していくので，その価値の減少額を固定資産勘定から直接減額(直接法)し，同額を**減価償却費勘定(費用)**に計上する。定額法による減価償却費の計算は次の式による。

$$1年分の減価償却費 = \frac{取得原価 - 残存価額}{耐用年数}$$

決算整理事項にもとづき，決算整理仕訳を行い各勘定に転記する。

例題1　次の資料から，決算整理仕訳を示しなさい。

元帳勘定残高(一部)

売　掛　金　¥200,000　　貸倒引当金　¥　1,000　　繰越商品　¥ 17,000

備　　　品　160,000　　仕　　　入　310,000

決算整理事項

a．期末商品棚卸高　¥18,000

> 期首商品棚卸高を**繰越商品勘定**から**仕入勘定**に振り替える→期首商品棚卸高が仕入勘定に加算される

(借) ①(　　　　　)　17,000　　(貸) ②(　　　　　)　17,000

　　 ③(　　　　　)　18,000　　　　④(　　　　　)　18,000

> 期末商品棚卸高を**仕入勘定**から**繰越商品勘定**に振り替える→期末商品棚卸高が仕入勘定から差し引かれて，売上原価になる

b．貸倒見積高　　売掛金残高の2％と見積もり，貸倒引当金を設定する。

(借) ⑤(　　　　　) ⑥(　　　　　)　(貸) 貸倒引当金 ⑥(　　　　　)

> 見積額から貸倒引当金勘定の残高を差し引いた額を**貸倒引当金繰入勘定**に計上する　　¥200,000 × 2％ − ¥1,000

c．備品減価償却高　　取得原価¥200,000　残存価額は零(0)　耐用年数は5年とし，定額法により計算し，直接法で記帳する。

(借) ⑦(　　　　　) ⑧(　　　　　)　(貸) 備　　　品 ⑧(　　　　　)

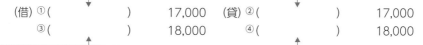

> 備品の価値の減少額を**減価償却費勘定**に計上する　　　定額法 (¥200,000 − ¥0) ÷ 5年

22　1　次の資料から決算整理仕訳を示し，下記の各勘定に転記しなさい。ただし，勘定口座には日付・相手科目・金額を記入すること。なお，決算は年１回　決算日は12月31日とする。

決算整理事項
  a．期末商品棚卸高　　¥680,000
  b．貸 倒 見 積 高　　売掛金残高の２％と見積もり，貸倒引当金を設定する。
  c．備品減価償却高　　取得原価¥800,000　残存価額は零(0)　耐用年数は５年とし，定額法により計算し，直接法で記帳する。

決算整理仕訳

	借　　　　方		貸　　　　方	
a				
b				
c				

総 勘 定 元 帳 (一部)

売　　掛　　金

2,300,000	1,100,000

貸 倒 引 当 金

	3,000

繰 越 商 品

1/1 前期繰越　760,000	

備　　　　品

1/1 前期繰越　640,000	

仕　　　　入

6,500,000	

貸倒引当金繰入

減 価 償 却 費

22　2　次の資料から決算整理仕訳を示しなさい。ただし，決算は年１回である。

元帳勘定残高(一部)

売　掛　金	¥1,450,000	貸倒引当金	¥　　8,000	繰 越 商 品	¥　470,000
備　　　品	900,000	仕　　　入	3,290,000	資　本　金	3,600,000
引　出　金	50,000	現金過不足	6,000　(借方残高)		

決算整理事項
  a．期末商品棚卸高　　¥450,000
  b．貸 倒 見 積 高　　売掛金残高の２％と見積もり，貸倒引当金を設定する。
  c．備品減価償却高　　取得原価¥1,800,000　残存価額は零(0)　耐用年数は８年とし，定額法により計算し，直接法で記帳する。
  d．現金過不足勘定の¥6,000は雑損とする。
  e．引出金勘定の¥50,000は整理する。

	借　　　　方	貸　　　　方
a		
b		
c		
d		
e		

貸し倒れの発生　全商3　日商　全経　　償却債権取立益　日商

　前期の決算において，貸倒引当金を設定している売掛金などの債権が回収不能となり，貸し倒れとして処理する場合は，貸倒額を売掛金などの債権の勘定の貸方と貸倒引当金勘定の借方に記入する。また，貸倒額が貸倒引当金勘定の残高より大きい場合は，その差額を**貸倒損失勘定（費用）**の借方に記入する。

　なお，前期以前に貸し倒れとして処理した売上債権を回収したときは，**償却債権取立益勘定（収益）**の貸方に記入する。

例題2　次の取引の仕訳を示しなさい。

(1)　得意先東西商店が倒産したため，同店に対する売掛金¥20,000が回収不能となり，貸し倒れとして処理した。ただし，貸倒引当金勘定の残高が¥30,000ある。

　　　貸倒額の**¥20,000を売掛金勘定の貸方と貸倒引当金勘定の借方に記入する**

　　　（借）貸 倒 引 当 金　①(　　　　　)　（貸）売　　掛　　金　①(　　　　　)

(2)　得意先南北商店が倒産したため，同店に対する売掛金¥50,000が回収不能となり，貸し倒れとして処理した。ただし，貸倒引当金勘定の残高が¥40,000ある。

　　　貸倒引当金勘定の残高**¥40,000の全額を記入する**

　　　（借）貸 倒 引 当 金　②(　　　　　)　（貸）売　　掛　　金　　50,000
　　　　　　③(　　　　　)　④(　　　　　)

　　　貸倒引当金の勘定残高の超過額**¥10,000は貸倒損失勘定の借方に記入する**

(3)　前期に貸し倒れとして処理していた売掛金¥20,000を現金で回収した。

　　　前期に貸し倒れ処理した売掛金を回収したので**償却債権取立益勘定の貸方に記入する**

　　　（借）現　　　　金　　20,000　（貸）⑤(　　　　　)　　20,000

22 3　次の取引の仕訳を示しなさい。

(1)　得意先西南商店が倒産したため，同店に対する売掛金¥120,000が回収不能となり，貸し倒れとして処理した。ただし，貸倒引当金勘定の残高が¥80,000ある。

(2)　前期に貸し倒れとして処理した山田商店に対する売掛金のうち¥10,000を現金で回収した。

	借　　　　方	貸　　　　方
(1)		
(2)		

23 精算表(1)

精算表 〔全商3〕〔日商〕〔全経〕

試算表，決算整理，損益計算書および貸借対照表を一つにまとめた一覧表を **精算表** という。精算表は次のように作成する。

i　各勘定の残高を残高試算表欄に記入し，借方と貸方の合計が一致することを確認する。

ii　決算整理事項にもとづき，決算整理仕訳の内容を整理記入欄に記入し合計する。

iii　勘定科目欄の資産・負債・資本の各勘定の金額を整理記入欄の記入にしたがって修正し，貸借対照表欄に書き移す。

iv　勘定科目欄の収益・費用の各勘定の金額を整理記入欄の記入にしたがって修正し，損益計算書欄に書き移す。

v　貸借対照表欄と損益計算書欄の借方と貸方の金額をそれぞれ合計し，その差額を当期純損益として合計金額の少ない側に記入し，合計金額を一致させる。

例題 次の決算整理事項にもとづき，精算表を作成しなさい。

①仕　　入17,000　繰越商品17,000
②繰越商品18,000　仕　　入18,000

③貸倒引当金繰入3,000　貸倒引当金3,000

決算整理事項
　a．期末商品棚卸高　　¥18,000
　b．貸倒見積高　　売掛金残高の2％と見積もり，貸倒引当金を設定する。
　c．備品減価償却高　　取得原価¥200,000　残存価額は零(0)　耐用年数は5年とし，定額法により計算し，直接法で記帳する。　④減価償却費40,000　備　　品40,000

資産・負債・資本の金額は貸借対照表欄に移す

精 算 表
令和○年12月31日

勘定科目	残高試算表 借方	残高試算表 貸方	整理記入 借方	整理記入 貸方	損益計算書 借方	損益計算書 貸方	貸借対照表 借方	貸借対照表 貸方
現　　金	356,000						356,000	
売　掛　金	200,000						200,000	
貸倒引当金		⊕ 1,000		⊕③(　)				⑤(　)
繰越商品	⊕ 17,000		⊕②(　)	⊖①(　)			⑥(　)	
備　　品	⊕160,000			⊖④(　)			⑦(　)	
買　掛　金		124,000						124,000
資　本　金		500,000						500,000
売　　上		475,000				475,000		
仕　　入	⊕310,000		⊕①(　)	⊖②(　)	⑧(　)			
支払家賃	57,000				57,000			
	1,100,000	1,100,000						
貸倒引当金繰入			③(　)		③(　)			
減価償却費			④(　)		④(　)			
当期純利益					⑨(　)			⑨(　)
			78,000	78,000	⑩(　)	⑩(　)	⑪(　)	⑪(　)

収益・費用の金額は損益計算書欄に移す

84　決算(1)

23 1 静岡商店(個人企業 決算年1回 12月31日)の決算整理事項は次のとおりであった。よって，精算表を完成しなさい。

決算整理事項
- a．期末商品棚卸高 　¥620,000
- b．貸倒見積高 　売掛金残高の2%と見積もり，貸倒引当金を設定する。
- c．備品減価償却高 　取得原価¥720,000 残存価額は零(0) 耐用年数は8年とし，定額法により計算し，直接法で記帳している。

精　算　表
令和○年12月31日

勘定科目	残高試算表 借方	残高試算表 貸方	整理記入 借方	整理記入 貸方	損益計算書 借方	損益計算書 貸方	貸借対照表 借方	貸借対照表 貸方
現　　　金	501,000							
当 座 預 金	1,356,000							
売　掛　金	1,650,000							
貸 倒 引 当 金		23,000						
繰 越 商 品	580,000							
備　　　品	630,000							
買　掛　金		1,809,000						
前　受　金		72,000						
資　本　金		2,600,000						
売　　　上		8,652,000						
受 取 手 数 料		103,000						
仕　　　入	6,245,000							
給　　　料	1,275,000							
支 払 家 賃	840,000							
水 道 光 熱 費	168,000							
雑　　　費	14,000							
	13,259,000	13,259,000						

帳簿の締め切り　全商3　日商　全経

　帳簿の締め切りは，総勘定元帳の締め切り，繰越試算表の作成，仕訳帳（決算仕訳）の締め切りの順に行う。なお，帳簿の締め切りは，決算整理後に行う。

　総勘定元帳の締め切りは，次の**1 2**の順に行う。

1 収益・費用の各勘定の締め切り（ i 〜 iii を決算振替仕訳という）

i 　収益・費用の各勘定残高を**損益勘定**に振り替える。

ii 　損益勘定の残高（当期純損益）を，個人企業は資本金勘定に振り替え，株式会社は繰越利益剰余金勘定に振り替える。

iii 　収益・費用の各勘定と損益勘定を締め切る。

例題1 決算にあたり，決算振替仕訳を行い，決算整理後の収益・費用の各勘定と損益勘定を締め切りなさい。なお，当店は個人企業であり，決算日は12月31日である。

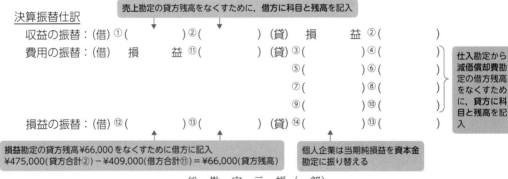

決算振替仕訳

収益の振替：	(借) ①(　　　) ②(　　　)	(貸)	損　益 ②(　　　)
費用の振替：	(借) 損　益 ⑪(　　　)	(貸)	③(　　　) ④(　　　)
			⑤(　　　) ⑥(　　　)
			⑦(　　　) ⑧(　　　)
			⑨(　　　) ⑩(　　　)
損益の振替：	(借) ⑫(　　　) ⑬(　　　)	(貸)	⑭(　　　) ⑬(　　　)

> 売上勘定の貸方残高をなくすために，借方に科目と残高を記入

> 仕入勘定から減価償却費勘定の借方残高をなくすために，貸方に科目と残高を記入

> 損益勘定の貸方残高¥66,000をなくすために借方に記入
> ¥475,000（貸方合計②）−¥409,000（借方合計⑪）＝¥66,000（貸方残高）

> 個人企業は当期純損益を資本金勘定に振り替える

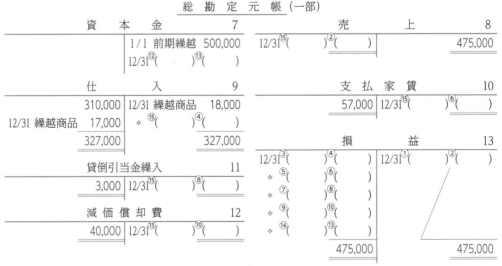

総 勘 定 元 帳（一部）

資　　本　　金　　7	売　　　　上　　8
1/1 前期繰越 500,000	12/31⑮(　②(　　　)) ｜ 475,000
12/31⑫(　⑬(　　　))	

仕　　　　入　　9	支　払　家　賃　10
310,000 ｜ 12/31 繰越商品 18,000	57,000 ｜ 12/31⑮(　⑥(　　　))
12/31 繰越商品 17,000 ｜ 〃 ⑮(　④(　　　))	
327,000 ｜ 327,000	損　　　　益　　13

貸倒引当金繰入　11	12/31③(　④(　　　) ｜ 12/31①(　②(　　　)
3,000 ｜ 12/31⑮(　⑧(　　　))	〃 ⑤(　⑥(　　　)
	〃 ⑦(　⑧(　　　)
減　価　償　却　費　12	〃 ⑨(　⑩(　　　)
40,000 ｜ 12/31⑮(　⑩(　　　))	〃 ⑭(　⑬(　　　)
	475,000 ｜ 475,000

> 収益・費用の各勘定の締め切りは，決算振替仕訳を転記した後に行う

2 資産・負債・資本の各勘定の締め切り

　資産・負債・資本の各勘定の残高のある反対側に，赤字で次期繰越と残高の記入を決算日の日付で行い締め切る。決算日の翌日の日付で前期繰越と残高の開始記入も行う。

例題2 決算にあたり，次の資産・負債・資本の各勘定を締め切りなさい。なお，当店は個人企業であり，決算日は12月31日である。

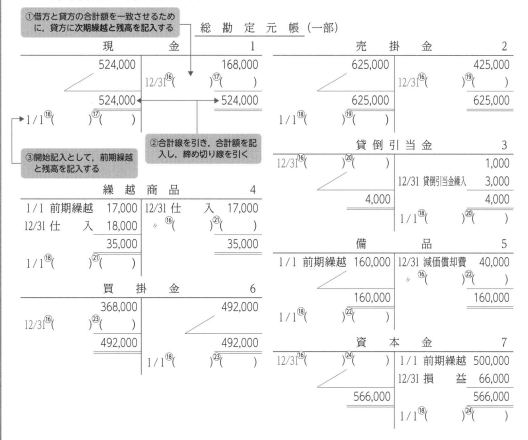

3 繰越試算表（日商では試験範囲外）

資産・負債・資本の各勘定の締め切り後，繰越高の計算と記入が正しく行われているかを確認するために作成する表を**繰越試算表**という。

例題3 例題2の資産・負債・資本の各勘定の締め切り後の金額から，繰越試算表を作成しなさい。

繰 越 試 算 表

令和○年12月31日

借　　　方	勘 定 科 目	貸　　　方
⑰ (　　　　　)	現　　　　　金	
⑲ (　　　　　)	売　　掛　　金	
	貸 倒 引 当 金	⑳ (　　　　　)
㉑ (　　　　　)	繰　越　商　品	
㉒ (　　　　　)	備　　　　　品	
	買　　掛　　金	㉓ (　　　　　)
	資　　本　　金	㉔ (　　　　　)
㉕ (　　　　　)		㉕ (　　　　　)

24 **1** 群馬商店(個人企業　決算年1回　12月31日)の収益・費用の諸勘定の記録と決算整理仕訳は次のとおりである。よって，

(1) 決算整理仕訳を下記の勘定に転記しなさい。(下記に設けてある勘定だけでよい。)

(2) 決算振替仕訳を行い，下記の勘定に転記して締め切りなさい。

ただし，勘定には，日付・相手科目・金額を記入すること。

決算整理仕訳

a.	(借)	仕　　　　　入	126,000	(貸)	繰 越 商 品	126,000
		繰 越 商 品	109,000		仕　　　　　入	109,000
b.	(借)	貸倒引当金繰入	15,000	(貸)	貸 倒 引 当 金	15,000
c.	(借)	減 価 償 却 費	9,000	(貸)	備　　　　　品	9,000
d.	(借)	現 金 過 不 足	2,000	(貸)	雑　　　　　益	2,000

	借　　　方	貸　　　方
収益の振替		
費用の振替		
損益の振替		

総 勘 定 元 帳 (一部)

売　　　上		10
20,000	738,000	

給　　　料		13
84,000		

貸 倒 引 当 金 繰 入		14

減 価 償 却 費		15

支 払 家 賃		16
60,000		

雑　　　費		17
47,000		

雑　　　益		11

仕　　　入		12
445,000	12,000	

損　　　益		18

山形商店(個人企業　決算年1回　12月31日)の資産・負債・資本の諸勘定の記録と決算整理仕訳および決算振替仕訳(一部)は次のとおりである。よって,

(1) 決算整理仕訳と決算振替仕訳(一部)を下記の勘定に転記しなさい。
(2) 下記の勘定を締め切り,繰越試算表を作成しなさい。ただし,勘定には,日付・相手科目・金額を記入し,引出金勘定以外は開始記入も示すこと。

決算整理仕訳

a. (借) 仕　　　　　入　171,000　　(貸) 繰 越 商 品　171,000
　　　　繰 越 商 品　148,000　　　　　仕　　　　　入　148,000
b. (借) 貸倒引当金繰入　　8,000　　(貸) 貸 倒 引 当 金　　8,000
c. (借) 減 価 償 却 費　18,000　　(貸) 備　　　　　品　18,000
d. (借) 資　　本　　金　20,000　　(貸) 引　　出　　金　20,000

決算振替仕訳(損益の振替)

(借) 損　　　　　益　64,000　　(貸) 資　　本　　金　64,000

総 勘 定 元 帳(一部)

現　　　　金	1
580,000	238,000

売　　掛　　金	2
532,000	132,000

貸 倒 引 当 金	3
	4,000

繰　越　商　品	4
1/1 前期繰越 171,000	

備　　　　品	5
200,000	

買　　掛　　金	6
132,000	448,000

借　　入　　金	7
100,000	300,000

資　　本　　金	8
	500,000

引　　出　　金	9
20,000	

繰 越 試 算 表

令和○年12月31日

借　　方	勘定科目	貸　　方
	現　　　金	
	売　掛　金	
	貸倒引当金	
	繰　越　商　品	
	備　　　品	
	買　掛　金	
	借　入　金	
	資　本　金	

24 3 京都商店(個人企業　決算年1回　12月31日)の総勘定元帳の記録と決算整理事項によって，
(1) 決算整理仕訳を示し，転記しなさい。
(2) 決算振替仕訳を示し，転記して収益・費用の各勘定と損益勘定を締め切りなさい。
(3) 資産・負債・資本の各勘定を締め切り，繰越試算表を完成しなさい。

ただし，勘定には日付・相手科目・金額を記入すること。

決算整理事項

    a．期末商品棚卸高　　¥263,000
    b．貸倒見積高　　　　売掛金残高の5%と見積もり，貸倒引当金を設定する。
    c．備品減価償却高　　¥25,000(直接法によって記帳している。)
    d．現金の実際有高は¥321,000であり，不足額は雑損とする。
    e．引出金勘定の¥30,000は整理する。

(1) 決算整理仕訳

	借　　　　方	貸　　　　方
a		
b		
c		
d		
e		

(2) 決算振替仕訳

	借　　　方	貸　　　方
収益の振替		
費用の振替		
損益の振替		

(3)

総　勘　定　元　帳

現　　　金	1		当　座　預　金	2
1,323,000	998,000		1,218,000	555,000

売　掛　金		3
838,000	418,000	

貸 倒 引 当 金		4
	6,000	

繰 越 商 品		5
286,000		

備　　品		6
300,000		

買　掛　金		7
340,000	726,000	

借　入　金		8
	280,000	

資　本　金		9
	1,200,000	

引　出　金		10
30,000		

売　　上		11
20,000	1,265,000	

雑　　損		20

受 取 手 数 料		12
	28,000	

損　　益		21

仕　　入		13
841,000	15,000	

給　　料		14
157,000		

支 払 家 賃		15
96,000		

繰 越 試 算 表
令和○年12月31日

借　方	勘定科目	貸　方

雑　　費		16
32,000		

貸倒引当金繰入		17

減 価 償 却 費		18

支 払 利 息		19
10,000		

25 損益計算書と貸借対照表(1)

損益計算書の作成　　全商3

損益計算書は，主として損益勘定にもとづいて作成される。損益勘定は，総勘定元帳勘定残高を決算整理事項にしたがって修正した収益・費用の各勘定残高が振り替えられ，損益勘定の貸借差額(純損益)は資本の勘定に振り替える。

また，損益計算書では，売上は「**売上高**」，仕入は「**売上原価**」として表示する。

例題1 札幌商店(個人企業　決算年1回　12月31日)の総勘定元帳勘定残高と決算整理仕訳は，次のとおりであった。よって，損益計算書を作成しなさい。

元帳勘定残高

現　　金 ¥356,000	売 掛 金 ¥200,000	貸倒引当金 ¥ 1,000	繰越商品 ¥ 17,000
備　　品 160,000	買 掛 金 124,000	資 本 金 500,000	売　　上 475,000
仕　　入 310,000	支払家賃 57,000		

元帳借方残高
　　　　　　¥310,000
＋借方記入 ¥ 17,000
－貸方記入 ¥ 18,000
売上原価 ¥309,000

決算整理仕訳

a．(借) 仕　　　　　入 17,000　(貸) 繰 越 商 品 17,000
　　　　　繰 越 商 品 18,000　　　　仕　　　　　入 18,000
b．(借) 貸倒引当金繰入 3,000　(貸) 貸 倒 引 当 金 3,000
c．(借) 減 価 償 却 費 40,000　(貸) 備　　　　　品 40,000

表示は売上高

損　益　計　算　書

札幌商店　　　令和○年1月1日から令和○年12月31日まで　　(単位：円)

費　　用	金　　額	収　　益	金　　額
②(　　　　)	③(　　　　)	①(　　　　)	475,000
④(　　　　)	⑤(　　　　)		
⑥(　　　　)	⑦(　　　　)		
支 払 家 賃	57,000		
⑧(　　　　)	⑨(　　　　)		
	475,000		475,000

表示は売上原価 →②
決算整理で計上した費用 →④⑥
当期純利益は差額で計算 →⑧

---

25 1 次の損益勘定から損益計算書を作成しなさい。

損　　　益

仕　　　入	237,000	売　　上	486,000
給　　　料	92,000	受 取 利 息	13,000
広 告 料	45,000		
貸倒引当金繰入	24,000		
減価償却費	36,000		
雑　　　費	29,000		
支 払 利 息	8,000		
資 本 金	28,000		
	499,000		499,000

損　益　計　算　書

富山商店　　令和○年1月1日から令和○年12月31日まで (単位：円)

費　　用	金　額	収　益	金　額
(　　　　)		(　　　　)	
給　　　料		受 取 利 息	
広 告 料			
貸倒引当金繰入			
減価償却費			
雑　　　費			
支 払 利 息			
(　　　　)			

全商

25 2 愛知商店(個人企業　決算年1回　12月31日)の総勘定元帳勘定残高と決算整理事項は，次のとおりであった。よって，

(1) 決算整理仕訳を示しなさい。

(2) 備品勘定に必要な記入を行い，締め切りなさい。ただし，日付・相手科目・金額を示すこと。

(3) 損益計算書を完成しなさい。

元帳勘定残高

現　　　　金	¥ 396,000	当 座 預 金	¥1,244,000	売 　掛 　金	¥2,300,000
貸 倒 引 当 金	20,000	繰 越 商 品	510,000	前 　払 　金	490,000
備　　　　品	900,000	買 　掛 　金	1,868,000	資 　本 　金	3,400,000
売　　　　上	5,034,000	受 取 手 数 料	71,000	仕 　　　　入	2,381,000
給　　　　料	1,320,000	支 払 地 代	792,000	消 耗 品 費	40,000
雑　　　　費	20,000				

決算整理事項

　a. 期末商品棚卸高　　¥490,000

　b. 貸 倒 見 積 高　　売掛金残高の2%と見積もり，貸倒引当金を設定する。

　c. 減 価 償 却 高　　取得原価¥1,125,000　残存価額は零(0)　耐用年数は5年とし，定額法により計算し，直接法により記帳している。

(1)

	借　　　　方	貸　　　　方
a		
b		
c		

(2) (注意)勘定には，日付・相手科目・金額を記入し，締め切ること。

備　　品　　　　7

1/1 前 期 繰 越	900,000	

(3)

損 益 計 算 書

愛知商店　　　　令和○年1月1日から令和○年12月31日まで　　　　(単位：円)

費　　　　用	金　　額	収　　益	金　　額
(　　　　　　　)		売 　上 　高	
給　　　　料		受 取 手 数 料	
(　　　　　　　)			
(　　　　　　　)			
支 払 地 代			
消 耗 品 費			
雑　　　　費			
(　　　　　　　)			

貸借対照表は，主として繰越試算表にもとづいて作成される。繰越試算表は，総勘定元帳勘定残高を決算整理事項にしたがって修正した資産・負債・資本の各勘定残高で作成される。なお，資本の勘定には当期純損益が振り替えられている。

また，貸借対照表では，貸倒引当金は売掛金から差し引く形式（**控除形式**）で，繰越商品は「**商品**」として表示する。

例題 2 札幌商店（個人企業　決算年1回　12月31日）の総勘定元帳勘定残高と決算整理仕訳は，次のとおりであった。よって，貸借対照表を作成しなさい。

元帳勘定残高

現	金	¥356,000	売 掛 金	¥200,000	貸倒引当金	¥ 1,000	繰越商品	¥ 17,000		
備	品	160,000	買 掛 金	124,000	資 本 金	500,000	売 上	475,000		
仕	入	310,000	支払家賃	57,000						

元帳貸方残高　¥1,000
＋貸方記入　　¥3,000
貸倒引当金　¥4,000

決算整理仕訳

a．（借）貸倒引当金繰入　3,000　（貸）貸 倒 引 当 金　3,000

元帳借方残高
　　　　　　　¥17,000
－貸方記入　¥17,000
＋借方記入　¥18,000
商 品　¥18,000

b．（借）仕　　　　入　17,000　（貸）繰 越 商 品　17,000
　　　繰 越 商 品　18,000　　　　仕　　　　入　18,000

元帳借方残高
　　　　　　　¥160,000
－貸方記入　¥40,000
備 品　¥120,000

c．（借）減 価 償 却 費　40,000　（貸）備　　　品　40,000

貸 借 対 照 表

札幌商店　　　　　　　令和○年12月31日　　　　　　（単位：円）

資　　産	金　額	負債・純資産	金　額
現　　金	356,000	買 掛 金	124,000
売 掛 金 ①（　　）		資 本 金	500,000
貸倒引当金 ②（　　） ③（　　）	（　　）⑦	⑧（　　）
④（　　） ⑤（　　）		
備　　品 ⑥（　　）		
⑨（　　）	⑨（　　）	

表示は**商品**

控除形式

当期純利益は差額で計算

---

25 **3** 次の繰越試算表から，貸借対照表を作成しなさい。ただし，期首資本金は¥700,000である。

繰 越 試 算 表
令和○年12月31日

借　方	勘定科目	貸　方
114,000	現　　金	
355,000	当座預金	
180,000	売 掛 金	
	貸倒引当金	9,000
136,000	繰越商品	
200,000	備　　品	
	買 掛 金	226,000
	資 本 金	750,000
985,000		985,000

貸 借 対 照 表
石川商店　　　令和○年（　）月（　）日　　　（単位：円）

資　　産	金　額	負債・純資産	金　額
現　　金		買 掛 金	
当座預金		資 本 金	
売 掛 金（　　）		（　　）	
貸倒引当金（　　）			
（　　）			
（　　）			

25 [4] 関西商店(個人企業　決算年1回　12月31日)の総勘定元帳勘定残高と決算整理事項は，次のとおりであった。よって，

(1) 決算整理仕訳を示しなさい。
(2) 給料勘定に必要な記入を行い，締め切りなさい。ただし，日付・相手科目・金額を示すこと。
(3) 貸借対照表を完成しなさい。

元帳勘定残高

現　　　　金	¥ 587,000	当 座 預 金	¥1,326,000	売 　掛 　金	¥2,600,000
貸 倒 引 当 金	28,000	繰 越 商 品	890,000	前 　払 　金	125,000
備　　　　品	540,000	買 　掛　 金	1,878,000	借 　入 　金	500,000
資 　本 　金	3,340,000	売　　　　上	8,370,000	受 取 手 数 料	128,000
仕　　　　入	6,065,000	給　　　　料	1,368,000	支 払 家 賃	480,000
水 道 光 熱 費	188,000	雑　　　　費	58,000	支 払 利 息	17,000

決算整理事項
- a．期末商品棚卸高　　¥920,000
- b．貸 倒 見 積 高　　売掛金残高の3%と見積もり，貸倒引当金を設定する。
- c．減 価 償 却 高　　取得原価¥1,080,000　残存価額は零(0)　耐用年数は8年とし，定額法により計算し，直接法により記帳している。

(1)

	借　　　　　方	貸　　　　　方
a		
b		
c		

(2) (注意)勘定には，日付・相手科目・金額を記入し，締め切ること。

<table>
<tr><td colspan="3" align="center">給　　　　料　　　　　　　　　　　14</td></tr>
<tr><td align="right">1,368,000</td><td></td><td></td></tr>
</table>

(3)

貸 借 対 照 表

関西商店　　　　　　　　　　令和○年12月31日　　　　　　　　　(単位：円)

資　　　　産	金　　額	負債・純資産	金　　額
現　　　　　金		買 　掛 　金	
当 座 預 金		(　　　　　　)	
売 掛 金 (　　　)		資 　本 　金	
貸 倒 引 当 金 (　　　)		(　　　　　　)	
(　　　　　)			
(　　　　　)			
備　　　　品			

26 決算と決算整理(2)

減価償却費の間接法による記帳と定率法による計算　全商2　日商

1 間接法による記帳
固定資産ごとに**減価償却累計額勘定**(評価勘定)を設けて，その貸方に減価償却額を記入していく方法を**間接法**という。

例題1 決算にあたり，備品の減価償却費を計上した。なお，備品の取得原価は¥720,000，残存価額は零(0)，耐用年数は 8 年とし，定額法により計算し，間接法で記帳している。

（借）　減 価 償 却 費　　　90,000　　（貸）①(　　　　　　　)　　　90,000

> 間接法は備品減価償却累計額勘定で処理する

2 定率法による計算
固定資産の毎期末の未償却残高に一定の償却率をかけて，毎期の償却額を計算する方法を**定率法**という。

例題2 決算にあたり，備品の減価償却費を定率法により計算し，間接法で記帳した。なお，備品の取得原価は¥512,000，減価償却累計額は¥128,000，償却率は25%である。

減価償却費の計算：(¥512,000 − ¥128,000) × 25% = ②

> 取得原価から減価償却累計額を差し引いて**未償却残高**を求める

（借）　減 価 償 却 費　②(　　　　　)　　（貸）　備品減価償却累計額　②(　　　　　)

26 1 次の元帳勘定残高(一部)と決算整理事項によって，決算整理仕訳を示しなさい。なお，決算は年 1 回　12月31日である。

元帳勘定残高(一部)

備　　　　品　¥1,500,000　　　備品減価償却累計額　¥500,000

決算整理事項

a. 減 価 償 却 高　　定額法による。ただし，残存価額は零(0)　耐用年数は 6 年とする。

借　　　　方	貸　　　　方

26 2 第 1 期の期首に取得した備品について，定率法によって減価償却費を計算し，次の表を完成しなさい。ただし，取得原価は¥1,500,000　償却率は20%とする。

	減 価 償 却 費	減価償却累計額
第 1 期末	¥	¥
第 2 期末	¥	¥
第 3 期末	¥	¥

固定資産の売却(間接法による記帳)　全商2　日商

間接法で記帳している固定資産を売却したときは，固定資産の取得原価を貸方に記入し，当該固定資産の減価償却累計額を借方に記入する。これにより，固定資産の帳簿価額を減少したことになり，売却価額との差額は固定資産売却益(損)勘定に計上する。

例題3 取得原価¥100,000，減価償却累計額¥60,000の備品を¥55,000で売却し，代金は現金で受け取った。

> 備品減価償却累計額勘定を借方に記入する

> 取得原価を貸方に記入する

（借）①(　　　　　)　　60,000　　（貸）　備　　　品　②(　　　　　)
　　　現　　　金　　55,000　　　　　　固定資産売却益　　　15,000

26 3 次の取引の仕訳を示しなさい。

(1) 佐賀商店は，取得原価¥500,000の備品を¥180,000で売却し，代金は月末に受け取ることにした。なお，この備品に対する減価償却累計額は¥400,000であり，これまでの減価償却高は間接法で記帳している。

(2) 長崎商店は，期首に取得原価¥1,200,000の商品陳列ケースを¥300,000で売却し，代金は当店あての約束手形で受け取った。なお，この商品陳列ケースの売却時における帳簿価額は¥400,000であり，これまでの減価償却高は間接法で記帳している。

	借　　　　方	貸　　　　方
(1)		
(2)		

有価証券の評価　[全商2] [全経]

　売買目的で保有する有価証券は決算にあたり，帳簿価額を時価に評価替えする。時価が帳簿価額より高いときは，その差額を**有価証券評価益勘定(収益)**の貸方に記入し，時価が帳簿価額より低いときは，その差額を**有価証券評価損勘定(費用)**の借方に記入する。

例題4 決算にあたり，売買目的で保有する次の株式を時価によって評価する。
　　　島根商事株式会社　10株　　帳簿価額　1株　¥80,000　　時価　1株　¥85,000

> 「時価>帳簿価額」なので有価証券評価**益**勘定の貸方に記入する

　　(借)　有　価　証　券　　　50,000　　(貸) ①(　　　　　　　　)　　50,000

例題5 決算にあたり，売買目的で保有する次の株式を時価によって評価する。
　　　鳥取商事株式会社　20株　　帳簿価額　1株　¥50,000　　時価　1株　¥48,000

> 「時価<帳簿価額」なので有価証券評価**損**勘定の借方に記入する

　　(借) ②(　　　　　　　　)　　40,000　　(貸)　有　価　証　券　　　40,000

26 4 次の元帳勘定残高(一部)と決算整理事項によって，決算整理仕訳を示しなさい。

元帳勘定残高(一部)
　有　価　証　券　¥1,320,000

決算整理事項
　a．有価証券評価高　　売買目的で保有する次の株式について，時価によって評価する。
　　　　　　京都商事株式会社　20株　　時価　1株　¥65,000

借　　　　方	貸　　　　方

収益・費用の諸勘定の整理　全商2　日商　全経

全商

日商

全経

決算日に収益・費用の残高が当期に計上すべき収益・費用の額と異なるものについては，これを修正する。この修正には，次の四つのパターンがある。

■ 収益の未収　（未収収益の計上）
② 費用の未払い（未払費用の計上）
❸ 収益の前受け（前受収益の計上）
❹ 費用の前払い（前払費用の計上）

■ 収益の未収（未収収益の計上）

決算日に当期の収益として発生しているが，まだ受け取っていない分（未収高）があるときは，この未収高を収益の勘定に加えるとともに，その金額を一時的に**未収利息勘定（資産）**などの未収収益の勘定に計上して次期に繰り越す。また，翌期首には，前期の決算に収益の未収として行った決算整理仕訳を再び元に戻すために**再振替仕訳**(決算整理仕訳の反対仕訳)を行う。

例題6　次の連続する仕訳を示しなさい。

×1年4月1日　　4月から1月までの10か月分の利息¥50,000を現金で受け取った。

（借）現　　　金　50,000　　（貸）受　取　利　息　50,000

×2年3月31日　　決算にあたり，上記の利息について2月から3月までの2か月分の未収高を計上した。

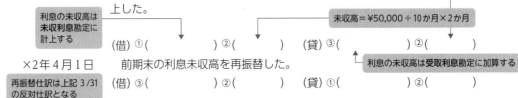

利息の未収高は
未収利息勘定に
計上する

未収高＝¥50,000÷10か月×2か月

（借）①(　　　　　) ②(　　　　) 　（貸）③(　　　　　) ②(　　　　)

利息の未収高は**受取利息勘定に加算する**

×2年4月1日　　前期末の利息未収高を再振替した。

再振替仕訳は上記3/31の反対仕訳となる

（借）③(　　　　　) ②(　　　　) 　（貸）①(　　　　　) ②(　　　　)

② 費用の未払い（未払費用の計上）

決算日に当期の費用として発生しているが，まだ支払っていない分（未払高）があるときは，この未払高を費用の勘定に加えるとともに，その金額を一時的に**未払家賃勘定（負債）**などの未払費用の勘定に計上して次期に繰り越す。また，翌期首には，前期の決算に費用の未払いとして行った決算整理仕訳を再び元に戻すために再振替仕訳を行う。

例題7　次の連続する仕訳を示しなさい。

×1年4月1日　　4月から12月までの9か月分の家賃¥90,000を現金で支払った。

（借）支　払　家　賃　90,000　　（貸）現　　　金　90,000

×2年3月31日　　決算にあたり，上記の家賃について1月から3月までの3か月分の未払高を計上した。

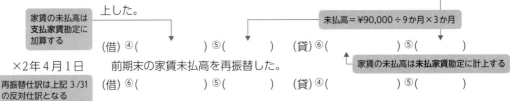

家賃の未払高は
支払家賃勘定に
加算する

未払高＝¥90,000÷9か月×3か月

（借）④(　　　　　) ⑤(　　　　) 　（貸）⑥(　　　　　) ⑤(　　　　)

家賃の未払高は**未払家賃勘定に計上する**

×2年4月1日　　前期末の家賃未払高を再振替した。

再振替仕訳は上記3/31の反対仕訳となる

（借）⑥(　　　　　) ⑤(　　　　) 　（貸）④(　　　　　) ⑤(　　　　)

❸ 収益の前受け（前受収益の計上）

決算日に収益として受け取った金額のうち，次期以降に属する分（前受高）があるときは，この前受高を収益の勘定から差し引くとともに，その金額を一時的に**前受地代勘定（負債）**などの前受収益の勘定に計上して次期に繰り越す。また，翌期首には，前期の決算に収益の前受けとして行った決算整理仕訳を再び元に戻すために再振替仕訳を行う。

例題8　次の連続する仕訳を示しなさい。

×1年4月1日　　7月からの1年分の地代¥240,000を現金で受け取った。

（借）現　　　金　240,000　　（貸）受　取　地　代　240,000

×2年3月31日　　決算にあたり，上記の地代について4月から6月までの3か月分の前受高を計上した。

地代の前受高は受取地代勘定から差し引く

前受高＝¥240,000÷12か月×3月

（借）⑦（　　　　　）⑧（　　　）　（貸）⑨（　　　　　）⑧（　　　）

×2年4月1日　　前期末の地代前受高を再振替した。

地代の前受高は前受地代勘定に計上する

再振替仕訳は上記3/31の反対仕訳となる

（借）⑨（　　　　　）⑧（　　　）　（貸）⑦（　　　　　）⑧（　　　）

４ 費用の前払い（前払費用の計上）

　決算日に費用として支払った金額のうち，次期以降に属する分（前払高）があるときは，この前払高を費用の勘定から差し引くとともに，その金額を一時的に**前払保険料勘定（資産）**などの前払費用の勘定に計上して次期に繰り越す。また，翌期首には，前期の決算に費用の前払いとして行った決算整理仕訳を再び元に戻すために再振替仕訳を行う。

例題9　次の連続する仕訳を示しなさい。

×1年9月1日　　9月からの1年分の保険料¥12,000を現金で支払った。

（借）保　険　料　12,000　（貸）現　　　金　12,000

×2年3月31日　　決算にあたり，上記の保険料について4月から8月までの5か月分の前払高を計上した。

保険料の前払高は前払保険料勘定に計上する

前払高＝¥12,000÷12か月×5月

（借）⑩（　　　　　）⑪（　　　）　（貸）⑫（　　　　　）⑪（　　　）

×2年4月1日　　前期末の保険料前払高を再振替した。

保険料の前払高は保険料勘定から差し引く

再振替仕訳は上記3/31の反対仕訳となる

（借）⑫（　　　　　）⑪（　　　）　（貸）⑩（　　　　　）⑪（　　　）

---

26 5　次の決算整理事項にもとづいて，決算整理仕訳を示しなさい。

決算整理事項
　a．利息の未収分¥8,000を計上する。
　b．給料の未払分¥18,000を計上する。
　c．地代の前受分¥4,000を計上する。
　d．保険料の前払分¥12,000を計上する。
　e．法定福利費の未払分¥5,000を計上する。

	借　　　方	貸　　　方
a		
b		
c		
d		
e		

消耗品　全商2　全経

　決算日に事務用品などの消耗品に未使用高があるときは，この未使用高を消耗品費勘定から差し引くとともに，その金額を一時的に**消耗品勘定（資産）**に計上して次期に繰り越す。また，翌期首には，前期の決算に未使用高として行った決算整理仕訳を再び元に戻すために再振替仕訳を行う。

例題10　次の連続する仕訳を示しなさい。

　　×2年3月10日　　　事務用の消耗品¥30,000を購入し，代金は現金で支払った。

　　　　　　　　　　　　（借）消　耗　品　費　30,000　　（貸）現　　　　金　30,000

　　×2年3月31日　　　決算にあたり，消耗品の未使用高が¥5,000あった。

消耗品の未使用高は消耗品勘定に計上する

　　　　　　　　　　　　（借）①（　　　　　）　5,000　　（貸）②（　　　　　）　5,000

消耗品の未使用高は消耗品費勘定から差し引く

　　×2年4月1日　　　前期末の消耗品を再振替した。

再振替仕訳は上記3/31の反対仕訳となる

　　　　　　　　　　　　（借）②（　　　　　）　5,000　　（貸）①（　　　　　）　5,000

貯蔵品　全商2　日商

　決算日に郵便切手や収入印紙の未使用分があるときは，この未使用分を通信費勘定や租税公課勘定から差し引くとともに，その金額を一時的に**貯蔵品勘定（資産）**に計上して次期に繰り越す。また，翌期首には，前期の決算に未使用分として行った決算整理仕訳を再び元に戻すために再振替仕訳を行う。

例題11　次の連続する仕訳を示しなさい。

　　×2年3月15日　　　郵便切手¥7,000と収入印紙¥10,000を購入し，代金は現金で支払った。

　　　　　　　　　　　　（借）通　信　費　　7,000　　（貸）現　　　　金　17,000
　　　　　　　　　　　　　　　租　税　公　課　10,000

　　×2年3月31日　　　決算にあたり，郵便切手の未使用分が¥3,000と収入印紙の未使用分が¥6,000
　　　　　　　　　　　　あった。

切手と収入印紙の未使用分は貯蔵品勘定に計上する

　　　　　　　　　　　　（借）③（　　　　　）　9,000　　（貸）④（　　　　　）　3,000
　　　　　　　　　　　　　　　　　　　　　　　　　　　　　　⑤（　　　　　）　6,000

切手の未使用分は通信費勘定から差し引く

収入印紙の未使用分は租税公課勘定から差し引く

　　×2年4月1日　　　前期末の貯蔵品を再振替した。

再振替仕訳は上記3/31の反対仕訳となる

　　　　　　　　　　　　（借）④（　　　　　）　3,000　　（貸）③（　　　　　）　9,000
　　　　　　　　　　　　　　　⑤（　　　　　）　6,000

26 6　次の決算整理事項にもとづいて，決算整理仕訳を示しなさい。

決算整理事項

　a．消耗品¥7,000が未使用であった。

　b．郵便切手¥18,000と収入印紙¥5,000が未使用であった。

	借　　　　方	貸　　　　方
a		
b		

26 7 次の資料から決算整理仕訳を示しなさい。なお，決算は年1回，決算日は3月31日である。

元帳勘定残高

借 入 金	¥2,000,000	受取地代	¥ 280,000	給 料	¥2,860,000
租税公課	87,000	支払利息	48,000		

決算整理事項

　a．借入金は当期の12月1日に期間1年，利率年2.4%で借り入れたものであり，借り入れたときに1年分の利息を差し引かれている。

　b．給料の未払分が¥260,000ある。

　c．収入印紙の未使用高が¥20,000ある。

　d．地代は，毎年6月1日に向こう1年分をまとめて受け取っている。なお，地代は毎年同額である。

	借　　　　方	貸　　　　方
a	前払利息　　32,000	支払利息　　32,000
b	給料　　　　260,000	未払給料　　260,000
c	貯蔵品　　　20,000	租税公課　　20,000
d	受取地代　　40,000	前受地代　　40,000

26 8 次の資料から，支払家賃勘定と前払家賃勘定の記入を行いなさい。

資　料

　1．×1年7月1日に建物の賃貸借契約を結んだ。

　2．契約期間は5年，家賃は月額¥80,000である。

　3．家賃の支払いは，毎年7月1日と1月1日に向こう半年分を現金で支払う。

　4．当期は×1年4月1日から×2年3月31日までである。

支　払　家　賃

×1/7/1 (現金)(480,000)	×2/3/31 (前払家賃)(240,000)
×2/1/1 (現金)(480,000)	〃 (損益)(720,000)
(960,000)	(960,000)

前　払　家　賃

×2/3/31 (支払家賃)(240,000)	×2/3/31 (次期繰越)(240,000)
×2/4/1 前期繰越 (240,000)	

27 精算表(2)

27 1 茨城商店(個人企業　決算年1回　12月31日)の決算整理事項は次のとおりであった。よって，決算整理仕訳を示し，精算表を完成しなさい。

決算整理事項
- a．期末商品棚卸高　　¥870,000
- b．貸倒見積高　　受取手形と売掛金の期末残高に対し，それぞれ2%とする。
- c．減価償却高　　建物：定額法による。ただし，残存価額は零(0)　耐用年数は25年とする。
  　　　　　　　　備品：定率法による。ただし，償却率は20%とする。
- d．有価証券評価高　　売買を目的として保有する次の株式について，時価によって評価する。
  　　　　　　　　水戸商事株式会社　20株　　時価　1株　¥68,000
- e．消耗品未使用高　　未使用分¥25,000を消耗品勘定により繰り延べる。
- f．保険料前払高　　保険料のうち¥540,000は，本年8月1日に1年分を支払ったものであり，前払高を次期に繰り延べる。
- g．地代前受高　　¥ 28,000
- h．利息未収高　　¥ 15,000

	借　　　方	貸　　　方
a		
b		
c		
d		
e		
f		
g		
h		

令和○年12月31日

	残高試算表		整理記入		損益計算書		貸借対照表	
	借　方	貸　方	借　方	貸　方	借　方	貸　方	借　方	貸　方
現　　　　金	800,000							
当 座 預 金	1,240,000							
受 取 手 形	650,000							
売 　掛　 金	1,500,000							
貸 倒 引 当 金		31,000						
有 価 証 券	1,330,000							
繰 越 商 品	840,000							
貸 　付　 金	680,000							
建　　　　物	3,800,000							
建物減価償却累計額		1,824,000						
備　　　　品	1,500,000							
備品減価償却累計額		540,000						
土　　　　地	1,480,000							
支 払 手 形		1,450,000						
買 　掛　 金		2,070,000						
資 　本　 金		7,000,000						
売　　　　上		8,950,000						
受 取 地 代		364,000						
受 取 利 息		12,000						
仕　　　　入	4,700,000							
給　　　　料	2,940,000							
保 　険　 料	704,000							
消 耗 品 費	63,000							
雑　　　　費	14,000							
	22,241,000	22,241,000						
貸倒引当金繰入								
減 価 償 却 費								
有価証券評価(　)								
消 　耗　 品								
(　　)保険料								
(　　)地　代								
未 収 利 息								
当期純(　　)								

埼玉商店(個人企業 決算年 1 回 12月31日)の総勘定元帳残高と決算整理事項は，次のとおりであった。よって，精算表を完成しなさい。

元帳勘定残高

現 金	¥ 812,000	当 座 預 金	¥ 3,460,000	受 取 手 形	¥ 1,300,000
売 掛 金	2,200,000	貸 倒 引 当 金	45,000	有 価 証 券	1,440,000
繰 越 商 品	1,720,000	建 物	4,000,000	建物減価償却累計額	1,760,000
備 品	1,800,000	備品減価償却累計額	360,000	支 払 手 形	2,190,000
買 掛 金	2,030,000	資 本 金	9,000,000	売 上	20,940,000
受 取 手 数 料	381,000	仕 入	16,620,000	給 料	2,160,000
支 払 家 賃	960,000	保 険 料	75,000	租 税 公 課	73,000
雑 費	86,000				

決算整理事項

a．期末商品棚卸高 　　¥1,850,000

b．貸 倒 見 積 高 　　受取手形と売掛金の期末残高に対し，それぞれ 2 ％とする。

c．減 価 償 却 高 　　建物：定額法による。ただし，残存価額は零(0) 耐用年数は25年とする。

　　　　　　　　　　　　備品：定率法による。ただし，償却率は20％とする。

d．有価証券評価高 　　売買を目的として保有する次の株式について，時価によって評価する。

　　　　　　　　　　　　狭山商事株式会社 20株 時価 1 株 ¥70,000

e．収入印紙未使用高 　　¥ 25,000

f．保 険 料 前 払 高 　　保険料のうち ¥60,000は，本年 4 月 1 日に 1 年分を支払ったものであり，前払高を次期に繰り延べる。

g．家 賃 未 払 高 　　¥ 192,000

h．手 数 料 前 受 高 　　¥ 21,000

精　　算　　表

令和○年12月31日

勘定科目	残高試算表		整理記入		損益計算書		貸借対照表	
	借　方	貸　方	借　方	貸　方	借　方	貸　方	借　方	貸　方
現　　金	812,000							
当座預金	3,460,000							
受取手形	1,300,000							
売　掛　金	2,200,000							
貸倒引当金		45,000						
有価証券	1,440,000							
繰越商品	1,720,000							
建　　物	4,000,000							
建物減価償却累計額		1,760,000						
備　　品	1,800,000							
備品減価償却累計額		360,000						
支払手形		2,190,000						
買　掛　金		2,030,000						
資　本　金		9,000,000						
売　　上		20,940,000						
受取手数料		381,000						
仕　　入	16,620,000							
給　　料	2,160,000							
支払家賃	960,000							
保　険　料	75,000							
租税公課	73,000							
雑　　費	86,000							
	36,706,000	36,706,000						
貸倒引当金繰入								
減価償却費								
有価証券評価(　　)								
(　　　　)								
(　　)保険料								
(　　)家　賃								
前受手数料								
当期純(　　)								

全商

日商

全経

28 損益計算書と貸借対照表(2)

28 1 静岡商店(個人企業　決算年1回　12月31日)の総勘定元帳残高と付記事項および決算整理事項は，次のとおりであった。よって，(1)付記事項の仕訳と決算整理仕訳を示し，(2)損益計算書と貸借対照表を完成しなさい。

元帳勘定残高

現　　　　　金	¥ 542,000	当 座 預 金	¥3,440,000	受 取 手 形	¥1,500,000
売　掛　金	2,180,000	貸 倒 引 当 金	101,000	有 価 証 券	1,375,000
繰 越 商 品	1,090,000	備　　　　品	1,920,000	備品減価償却累計額	840,000
支 払 手 形	1,280,000	買　　掛　　金	2,400,000	前　受　金	250,000
従業員預り金	50,000	資　本　金	6,000,000	売　　　　上	9,860,000
受取手数料	273,000	仕　　　　入	7,350,000	給　　　料	895,000
通　信　費	50,000	支 払 家 賃	418,000	保　険　料	240,000
消 耗 品 費	65,000	雑　　　　費	19,000	現金過不足(貸方)	30,000

付 記 事 項

① 北西商店に対する前期の売掛金¥80,000が回収不能となったので，貸し倒れとして処理した。

決算整理事項

a. 期末商品棚卸高　　　¥1,140,000

b. 貸 倒 見 積 高　　　受取手形と売掛金の期末残高に対し，それぞれ3％とする。

c. 備品減価償却高　　　定率法による。ただし，償却率は25％とする。

d. 有価証券評価高　　　売買を目的として保有する次の株式について，時価によって評価する。
　　　　　　　　　　　　浜松商事株式会社　25株　　時価　1株　¥51,000

e. 郵便切手未使用高　　¥　 13,000

f. 保 険 料 前 払 高　　　保険料のうち¥144,000は，本年10月1日に1年分を支払ったものであり，前払高を次期に繰り延べる。

g. 家 賃 未 払 高　　　¥　 38,000

h. 現金過不足勘定の¥30,000は雑益とする。

(1)

	借　　　　方	貸　　　　方
①		

	借　　　　方	貸　　　　方
a		
b		
c		
d		
e		
f		
g		
h		

(2)

損 益 計 算 書

静岡商店　　令和○年 1 月 1 日から令和○年12月31日まで　　（単位：円）

費　　　用	金　　額	収　　　益	金　　額
売 上 原 価		売 上 高	
給　　　　料		受 取 手 数 料	
（　　　　　）		（　　　　　　）	
（　　　　　）			
通 信 費			
支 払 家 賃			
保 険 料			
消 耗 品 費			
雑　　　　費			
（　　　　　）			
（　　　　　）			

貸 借 対 照 表

静岡商店　　　　　　　令和○年12月31日　　　　　　（単位：円）

資　　　産	金　　額	負債・純資産	金　　額
現　　　　金		支 払 手 形	
当 座 預 金		買 掛 金	
受 取 手 形（　　　）		前 受 金	
貸 倒 引 当 金（　　　）		（　　　　　）	
売 掛 金（　　　）		（　　　　　）	
貸 倒 引 当 金（　　　）		資 本 金	
有 価 証 券		（　　　　　）	
商　　　　品			
貯 蔵 品			
（　　　　　）			
備　　　品（　　　）			
減価償却累計額（　　　）			

28 2 栃木商店(個人企業 決算年 1 回 12月31日)の総勘定元帳残高と付記事項および決算整理事項は，次のとおりであった。よって，損益計算書と貸借対照表を完成しなさい。

元帳勘定残高

現 金	¥ 829,000	当 座 預 金 ¥2,357,000	受 取 手 形 ¥1,600,000
売 掛 金	2,020,000	貸 倒 引 当 金 9,000	有 価 証 券 1,820,000
繰 越 商 品	1,240,000	備 品 3,750,000	備品減価償却累計額 1,830,000
支 払 手 形	1,136,000	買 掛 金 1,156,000	借 入 金 1,500,000
仮 受 金	120,000	資 本 金 7,000,000	引 出 金 120,000
売 上	16,905,000	受 取 手 数 料 123,000	固定資産売却益 67,000
仕 入	12,480,000	給 料 2,142,000	発 送 費 345,000
支 払 家 賃	756,000	保 険 料 228,000	消 耗 品 費 94,000
雑 費	45,000	支 払 利 息 20,000	

付 記 事 項

① 仮受金¥120,000は売掛金の回収であることが判明した。

決算整理事項

a．期末商品棚卸高　　¥1,520,000

b．貸 倒 見 積 高　　受取手形と売掛金の期末残高に対し，それぞれ 1 %とする。

c．備品減価償却高　　定率法による。ただし，償却率は20%とする。

d．有価証券評価高　　売買を目的として保有する次の株式について，時価によって評価する。

　　　　　　　　　　足利商事株式会社　35株　　時価　1 株　¥55,000

e．消耗品未使用高　　¥　　9,000

f．保険料前払高　　　保険料のうち¥180,000は，本年 4 月 1 日からの 1 年分を支払ったものであり，前払高を次期に繰り延べる。

g．利 息 未 払 高　　¥　　10,000

h．引出金勘定の¥120,000は整理する。

損　益　計　算　書

栃木商店　　　　　令和○年 1 月 1 日から令和○年12月31日まで　　　　（単位：円）

費　　用	金　額	収　　益	金　額
売　上　原　価		売　上　高	
給　　　料		受　取　手　数　料	
発　送　費		（　　　　　　　）	
（　　　　　　　）		（　　　　　　　）	
（　　　　　　　）			
支　払　家　賃			
保　険　料			
消　耗　品　費			
雑　　　費			
（　　　　　　　）			
（　　　　　　　）			

貸　借　対　照　表

栃木商店　　　　　　　　令和○年12月31日　　　　　　　　（単位：円）

資　　産	金　額	負債・純資産	金　額
現　　金		支　払　手　形	
当　座　預　金		買　掛　金	
受　取　手　形（　　　）		（　　　　　　　）	
貸倒引当金（　　　）		（　　　　　　　）	
売　掛　金（　　　）		資　本　金	
貸倒引当金（　　　）		（　　　　　　　）	
有　価　証　券			
商　　品			
消　耗　品			
（　　　　　　）			
備　　品（　　　）			
減価償却累計額（　　　）			

29 本支店会計

本支店間の取引　全商2

　本支店会計が独立している場合，本店と支店との間の取引によって生じる債権・債務は，本店では**支店勘定**，支店では**本店勘定**を設けて処理する。

例題1　次の取引について，本店と支店の仕訳を示しなさい。

(1)　本店は，支店に現金¥50,000を送付し，支店はこれを受け取った。

　　本店：(借) ①(　　　　　)　50,000　(貸)　現　　金　50,000

　　　　　　支店に対する債権は支店勘定で処理する　　　　本店に対する債務は本店勘定で処理する

　　支店：(借)　現　　金　50,000　(貸) ②(　　　　　)　50,000

(2)　支店は，本店の買掛金¥100,000を小切手を振り出して支払い，本店はこの通知を受けた。

　　本店：(借) ③(　　　　　)　100,000　(貸) ④(　　　　　)　100,000

　　　　　　本店では買掛金が減少する　　　　支店に対する債務は支店勘定で処理する

　　支店：(借) ⑤(　　　　　)　100,000　(貸)　当座預金　100,000

　　　　　　本店に対する債権は本店勘定で処理する

純損益の処理　全商2

　決算の結果，計算された支店の純損益は，支店では損益勘定から本店勘定に振り替え，本店では支店勘定から損益勘定に振り替え，本店の純損益と合算して，企業全体の純損益を計上する。

例題2　次の取引について，本店と支店の仕訳を示しなさい。

支店は決算の結果，当期純利益¥30,000を計上し，本店はこの通知を受けた。

　　支店：(借) ⑥(　　　　　)　30,000　(貸) ⑦(　　　　　)　30,000

　　当期純利益は損益勘定の貸方残高になるので，本店に振り替えるために支店の**損益勘定**の借方に記入し，貸方は本店となる

　　本店：(借) ⑧(　　　　　)　30,000　(貸) ⑨(　　　　　)　30,000

　　当期純利益は損益勘定の貸方残高になるので，支店の当期純利益を本店の**損益勘定**の貸方に記入し，借方は支店となる

　　　　　※　支店が当期純損失を計上した場合の仕訳は，次のとおりである
　　　　　　　支店：(借)本　店　×××　(貸)損　益　×××
　　　　　　　本店：(借)損　益　×××　(貸)支　店　×××

29　1　　次の取引について，本店と支店の仕訳を示しなさい。

(1)　本店は，支店に商品¥360,000(原価)を送付し，支店は，これを受け取った。

(2)　支店は，本店の売掛金¥210,000を現金で回収した。本店は，この通知を受けた。

(3)　支店は，本店の従業員の旅費¥70,000を現金で立て替え払いした。本店は，この通知を受けた。

(4)　本店は，広告料¥50,000を小切手を振り出して支払った。ただし，このうち¥30,000は支店の負担分であり，支店はこの通知を受けた。

(5)　支店は決算の結果，当期純損失¥40,000を計上し，本店はこの通知を受けた。

		借　　　方	貸　　　方
(1)	本店		
	支店		
(2)	本店		
	支店		

		借 方	貸 方
(3)	本店		
	支店		
(4)	本店		
	支店		
(5)	本店		
	支店		

全 商

支店相互間の取引   全商2

　支店が二つ以上設けられている場合，支店相互間の取引において，各支店は本店を相手の取引として本店勘定だけを設けて記帳する。本店は各支店からその通知を受け，各支店を相手の取引として支店名の勘定を設けて記帳する。この記帳方法を**本店集中計算制度**という。

例題 3 次の取引について，各支店と本店の仕訳を示しなさい。ただし，本店集中計算制度を採用している。

　日光支店は，現金¥20,000を今市支店に送付し，今市支店は，これを受け取り，本店は，この通知を受けた。

日光支店と今市支店は，本店を相手の取引とするので，**本店勘定で処理する**

日光支店：(借) ① (　　　　　)　　20,000　　(貸)　現　　　　金　　20,000

今市支店：(借)　現　　　金　　20,000　　(貸) ② (　　　　　)　　20,000

今市支店に現金を送付したと考え，今市支店に対する債権の発生を**今市支店勘定の借方に記入する**

本　　店：(借) ③ (　　　　　)　　20,000　　(貸) ④ (　　　　　)　　20,000

日光支店から現金を送付されたと考え，日光支店に対する債務の発生を**日光支店勘定の貸方に記入する**

29 2 次の取引について，各支店と本店の仕訳を示しなさい。ただし，本店集中計算制度を採用している。

(1) 足利支店は，佐野支店に商品¥270,000(原価)を送付し，佐野支店は，これを受け取った。なお，本店はこの通知を受けた。

(2) 桐生支店は，前橋支店の得意先伊勢崎商店に対する売掛金¥310,000を伊勢崎商店振り出しの小切手で受け取った。なお，前橋支店と本店はこの通知を受けた。

		借 方	貸 方
(1)	足利支店		
	佐野支店		
	本　店		
(2)	桐生支店		
	前橋支店		
	本　店		

支店会計が独立している場合，決算において本店と支店がそれぞれ貸借対照表や損益計算書などの財務諸表を作成する。その後，企業全体の財政状態や経営成績を明らかにするために，本店と支店の貸借対照表と損益計算書を合併し，本支店合併の財務諸表を作成する。

例題4　次の関東商店の本店と支店の貸借対照表から本支店合併の貸借対照表を作成しなさい。

本店貸借対照表
関東商店　令和○年12月31日　（単位：円）

資産	金額	負債・純資産	金額
現　　金	40,000	買　掛　金	6,000
売　掛　金	16,660	借　入　金	12,000
商　　品	9,000	資　本　金	80,000
備　　品	36,000	当期純利益	9,460
支　　店	5,800		
	107,460		107,460

支店貸借対照表
関東商店　令和○年12月31日　（単位：円）

資産	金額	負債・純資産	金額
現　　金	9,600	買　掛　金	8,000
売　掛　金	5,880	借　入　金	4,000
商　　品	4,000	本　　店	5,800
備　　品	2,500	当期純利益	4,180
	21,980		21,980

支店勘定と本店勘定は貸借反対で一致していることを確認し，合併の貸借対照表には記載しない

資産を合算する

合併貸借対照表
関東商店　令和○年12月31日　（単位：円）

資産	金額	負債・純資産	金額
現　　金	①（　　　）	買　掛　金	14,000
売　掛　金	22,540	借　入　金	④（　　　）
商　　品	②（　　　）	資　本　金	⑤（　　　）
備　　品	③（　　　）	当期純利益	⑥（　　　）
	⑦（　　　）		⑦（　　　）

負債を合算する

資本金は本店貸借対照表

貸借差額

例題5　次の関東商店の本店と支店の損益計算書から本支店合併の損益計算書を作成しなさい。

本店損益計算書
関東商店　令和○年1月1日から令和○年12月31日まで　（単位：円）

費用	金額	収益	金額
売上原価	45,600	売　上　高	70,000
給　　料	8,400		
貸倒引当金繰入	140		
減価償却費	3,500		
その他の費用	2,900		
当期純利益	9,460		
	70,000		70,000

支店損益計算書
関東商店　令和○年1月1日から令和○年12月31日まで　（単位：円）

費用	金額	収益	金額
売上原価	27,400	売　上　高	40,000
給　　料	3,300		
貸倒引当金繰入	20		
減価償却費	500		
その他の費用	4,600		
当期純利益	4,180		
	40,000		40,000

合併損益計算書
関東商店　令和○年1月1日から令和○年12月31日まで　（単位：円）

費用	金額	収益	金額
売　上　原　価	73,000	売　上　高	⑧（　　　）
給　　料	11,700		
貸倒引当金繰入	⑨（　　　）		
減価償却費	⑩（　　　）		
その他の費用	7,500		
当期純利益	⑪（　　　）		
	110,000		110,000

費用を合算する

収益を合算する

貸借差額

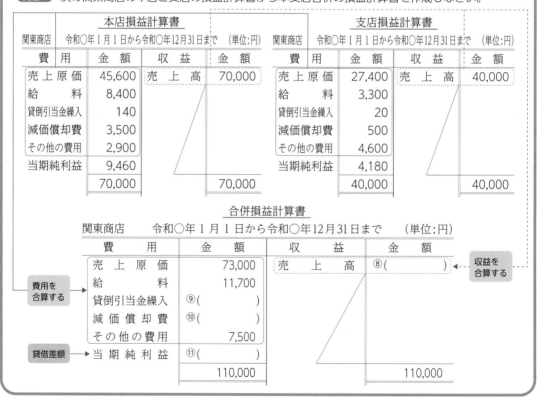

29 3 栃木商店(決算年1回)の令和○年12月31日における本店・支店それぞれの総勘定元帳残高と未処理事項および決算整理事項は，次のとおりであった。よって，本支店合併の損益計算書と貸借対照表を完成しなさい。

本店の元帳勘定残高

現　　　　金	¥ 507,000	売　　掛　　金	¥ 400,000	貸 倒 引 当 金	¥　11,000
繰 越 商 品	420,000	備　　　　品	1,040,000	支　　　　店	823,000
買　　掛　　金	324,000	借　　入　　金	500,000	資　　本　　金	2,000,000
売　　　　上	1,930,000	仕　　　　入	1,002,000	給　　　　料	240,000
広　　告　　料	157,000	支 払 家 賃	174,000	支 払 利 息	2,000

支店の元帳勘定残高

現　　　　金	¥ 253,000	売　　掛　　金	¥ 300,000	貸 倒 引 当 金	¥　5,000
繰 越 商 品	230,000	備　　　　品	520,000	買　　掛　　金	265,000
本　　　　店	823,000	売　　　　上	980,000	仕　　　　入	503,000
給　　　　料	126,000	広　　告　　料	51,000	支 払 家 賃	90,000

未処理事項

① 本店の広告料のうち¥30,000は支店の負担分とする。

決算整理事項

a．期末商品棚卸高　　本店 ¥590,000　　支店 ¥250,000
b．貸倒見積高　　本店・支店とも売掛金残高の3％と見積もり，貸倒引当金を設定する。
c．備品減価償却高　　本店 ¥260,000　　支店 ¥130,000
　　　　　　　　　　（直接法によって記帳している）

合 併 損 益 計 算 書

栃木商店　　　　　　　令和○年1月1日から令和○年12月31日まで　　　　　（単位：円）

費　　　　用	金　　額	収　　　　益	金　　額
売 上 原 価		売　上　高	
給　　　　料			
広　　告　　料			
支 払 家 賃			
貸 倒 引 当 金 繰 入			
減 価 償 却 費			
支 払 利 息			
（　　　　　　）			

合 併 貸 借 対 照 表

栃木商店　　　　　　　　　　令和○年12月31日　　　　　　　　　　（単位：円）

資　　　　産	金　　額	負債・純資産	金　　額
現　　　　金		買　　掛　　金	
売 掛 金（　　　）		借　　入　　金	
貸倒引当金（　　　）		資　　本　　金	
商　　　　品		（　　　　　　）	
備　　　　品			

30 株式会社の設立・増資

全商 / 日商 / 全経

株式会社の設立と開業 [全商2] [日商] [全経]

　株式会社は，株式を発行して多くの出資者(株主)から現金などの資金を調達して設立する。なお，株主からの払込額は，原則として全額を**資本金勘定**で処理するが，例外として払込金額の2分の1をこえない金額を資本金として計上しないことができる。この金額は**資本準備金勘定(純資産)**で処理する。

例題1　次の取引の仕訳を示しなさい。

(1) 東京商事株式会社は，設立にさいし，株式200株を1株につき¥50,000で発行し，全額の引き受け・払い込みを受け，払込金は当座預金とした。

払込金額 = 200株 × @¥50,000

　(借)　当　座　預　金　①(　　　　　)　(貸)　②(　　　　　　)　①(　　　　　)

払込金額は**資本金**勘定で処理する

(2) 埼玉商事株式会社は，設立にさいし，株式100株を1株につき¥120,000で発行し，全額の引き受け・払い込みを受け，払込金は当座預金とした。ただし，払込金額のうち，1株につき¥50,000は資本金に計上しないことにした。

資本金 = 100株 × (@¥120,000 − @¥50,000)

　(借)　当　座　預　金　12,000,000　(貸)　資　　本　　金　③(　　　　　)

　④(　　　　　)　⑤(　　　　　)

資本金に計上しない額は**資本準備金**勘定で処理する

資本準備金 = 100株 × @¥50,000

創立費・開業費 [全商2]

　株式会社の設立のために支出した費用は**創立費勘定(費用)**で処理する。また，会社設立後から開業までに支出した費用は**開業費勘定(費用)**で処理する。

例題2　次の取引の仕訳を示しなさい。

(1) 栃木商事株式会社は，設立のために要した諸費用¥1,000,000を小切手を振り出して支払った。

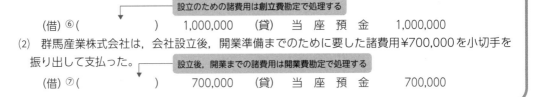

設立のための諸費用は**創立費**勘定で処理する

　(借)　⑥(　　　　　)　1,000,000　(貸)　当　座　預　金　1,000,000

(2) 群馬産業株式会社は，会社設立後，開業準備までのために要した諸費用¥700,000を小切手を振り出して支払った。

設立後，開業までの諸費用は**開業費**勘定で処理する

　(借)　⑦(　　　　　)　700,000　(貸)　当　座　預　金　700,000

---

30 1　次の取引の仕訳を示しなさい。

(1) 山梨産業株式会社は，設立にさいし，株式250株を1株につき¥70,000で発行し，全額の引き受け・払い込みを受け，払込金は当座預金とした。

(2) 長野商事株式会社は，設立にさいし，株式500株を1株につき¥60,000で発行し，全額の引き受け・払い込みを受け，払込金は当座預金とした。また，この株式の発行に要した諸費用¥200,000を小切手を振り出して支払った。

(3) 石川商事株式会社は，設立にさいし，株式400株を1株につき¥80,000で発行し，全額の引き受け・払い込みを受け，払込金は当座預金とした。ただし，払込金額のうち，1株につき¥40,000は資本金に計上しないことにした。また，この株式の発行に要した諸費用¥500,000を小切手を振り出して支払った。

(4) 新潟産業株式会社は，設立にあたり，発起人が立替払いした定款の作成費用などの諸費用 ¥1,000,000 を小切手を振り出して支払った。

(5) 茨城商事株式会社は，開業準備のために広告宣伝費・通信費などの諸費用 ¥350,000 を小切手を振り出して支払った。

	借　　　　　方	貸　　　　　方
(1)		
(2)		
(3)		
(4)		
(5)		

株式の発行　　全商2

　株式会社は，会社設立後も企業規模拡大などのために，あらたに株式を発行して資金を調達すること（増資）ができる。この場合の処理は設立のときと同様である。ただし，会社設立後にあらたに株式を発行するために支出した費用は**株式交付費勘定（費用）**で処理する。

例題3 次の取引の仕訳を示しなさい。
　東京商事株式会社は，事業規模拡張のため，あらたに株式 400 株を 1 株につき ¥50,000 で発行し，全額の引き受け・払い込みを受け，払込金は当座預金とした。また，この株式の発行に要した諸費用 ¥300,000 を小切手を振り出して支払った。

```
（借）当 座 預 金  20,000,000  （貸）資　本　金  20,000,000
     ①(          )     300,000       当 座 預 金     300,000
```
あらたに株式の発行に要した諸費用は**株式交付費**勘定で処理する

30 2 次の取引の仕訳を示しなさい。

(1) 佐賀産業株式会社は，あらたに株式 500 株を 1 株につき ¥70,000 で発行し，全額の引き受け・払い込みを受け，払込金は当座預金とした。

(2) 大分商事株式会社は，あらたに株式 600 株を 1 株につき ¥100,000 で発行し，全額の引き受け・払い込みを受け，払込金は当座預金とした。ただし，払込金額のうち，1 株につき ¥50,000 は資本金に計上しないことにした。また，この株式の発行に要した諸費用 ¥1,200,000 は小切手を振り出して支払った。

	借　　　　　方	貸　　　　　方
(1)		
(2)		

繰越利益剰余金 　[全商2]　[日商]　[全経]

　株式会社は，当期純損益を**繰越利益剰余金勘定(純資産)**に振り替えて，次期に繰り越す。繰り越された繰越利益剰余金が貸方残高のときは，株主総会において，株主に対する配当・配当にともなう利益準備金の計上や任意積立金への振り替えとして処分する。なお，株主総会で決議された配当は，**未払配当金勘定(負債)**で処理し，配当を行うごとに，その額の10分の1を**利益準備金勘定(純資産)**に計上する。また，任意積立金には新築積立金など目的をもつ積立金と別途積立金のように目的をもたない積立金があり，それぞれ**新築積立金勘定・別途積立金勘定**で処理する。

　また，繰り越された繰越利益剰余金が借方残高(損失の累積額)のときは，株主総会において，任意積立金などを取り崩しててん補する。

例題 東京商事株式会社の次の取引の仕訳を示しなさい。

×4年3月31日 　決算の結果，当期純利益¥900,000を計上した。なお，繰越利益剰余金勘定に貸方残高が¥300,000ある。

> 当期純利益は，損益勘定の貸方残高として計上されている

> 当期純利益は，繰越利益剰余金勘定の貸方に振り替える

(借) 損　　　　益 900,000 (貸) ①(　　　　　　) 900,000

×4年6月28日 　株主総会において，繰越利益剰余金を次のとおり配当および処分することを決議した。なお，繰越利益剰余金の貸方残高は¥1,200,000である。

配当金 ¥700,000 　　利益準備金 ¥70,000 　　別途積立金 ¥200,000

> 配当は**未払配当金**勘定に記入する

(借) 繰越利益剰余金 ②(　　　　　) (貸) ③(　　　　　) 700,000
④(　　　　　) 70,000
別 途 積 立 金 200,000

> 処分額の合計¥970,000を記入する

×4年6月29日 　配当金¥700,000を当座預金口座から支払った。

(借) ③(　　　　　) 700,000 (貸) 当 座 預 金 700,000

×5年3月31日 　決算の結果，当期純損失¥800,000を計上した。なお，繰越利益剰余金勘定に貸方残高が¥230,000ある。

> 当期純損失は，損益勘定の借方残高として計上されている

> 当期純損失は，繰越利益剰余金勘定の借方に振り替える

(借) ⑤(　　　　　) 800,000 (貸) 損　　　　益 800,000

×5年6月27日 　株主総会において，繰越利益剰余金の借方残高¥570,000を別途積立金¥300,000と新築積立金¥100,000を取り崩しててん補することを決議した。

(借) 別 途 積 立 金 300,000 (貸) 繰越利益剰余金 ⑥(　　　　　)
新 築 積 立 金 100,000

> 取り崩した積立金の合計額¥400,000を記入する

31 1 次の連続する取引の仕訳を示しなさい。

(1) ×3年度の決算の結果，当期純利益¥1,280,000を計上した。なお，繰越利益剰余金勘定に貸方残高が¥200,000ある。

(2) 株主総会において，繰越利益剰余金を次のとおり配当および処分することを決議した。なお，繰越利益剰余金の貸方残高は¥1,480,000である。

    配当金　¥800,000　　利益準備金　¥80,000　　別途積立金　¥300,000

(3) 株主総会の翌日に，配当金¥800,000を普通預金口座から支払った。

(4) ×4年度の決算の結果，当期純利益¥1,350,000を計上した。なお，繰越利益剰余金勘定に貸方残高が¥300,000ある。

	借　　　　方	貸　　　　方
(1)		
(2)		
(3)		
(4)		

31 2 次の連続する取引の仕訳を示しなさい。

(1) 宮崎産業株式会社は，第5期の決算の結果，当期純損失¥920,000を計上した。なお，繰越利益剰余金勘定に貸方残高が¥120,000ある。

(2) 株主総会において，繰越利益剰余金の借方残高¥800,000をてん補するため別途積立金¥450,000，新築積立金¥300,000を取り崩した。

(3) 宮崎産業株式会社は，第6期の決算の結果，当期純利益¥590,000を計上した。なお，繰越利益剰余金勘定に借方残高が¥50,000ある。

	借　　　　方	貸　　　　方
(1)		
(2)		
(3)		

法人税・住民税・事業税 　全商2　日商　全経

法人税(国税)・住民税・事業税(地方税)は会社の利益にもとづいて課税される税金であり，決算においてこれらの税金を計上したときは，**法人税，住民税及び事業税勘定**(費用)または**法人税等勘定**と**未払法人税等勘定**(負債)で処理する。また，中間申告にもとづいて納付された税額は**仮払法人税等勘定**(資産)で処理する。法人税，住民税及び事業税額は次のように求める。

> 税引前当期純利益＝収益－費用(法人税・住民税・事業税を除く)
> 法人税，住民税及び事業税額＝税引前当期純利益×税率

> 厳密には，税法上の益金(収益)から損金(費用)を差し引いた課税所得に税率を乗じて求める

例題 東京商事株式会社の次の取引の仕訳を示しなさい。

×1年11月25日　中間申告を行い，前年度の法人税，住民税及び事業税の合計額¥300,000の2分の1を，普通預金から納付した。

> 中間申告は，仮払法人税等勘定で処理する

> ¥300,000×1/2

(借) ①(　　　　　)　150,000　(貸) 普 通 預 金　150,000

×2年3月31日　決算にあたり，当期の法人税，住民税及び事業税を計上した。なお，当期の税引前当期純利益は¥900,000であり，法人税，住民税及び事業税の税率は35%である。

> 当期の法人税・住民税・事業税を計上したときは，法人税，住民税及び事業税勘定で処理する

> ¥900,000×35%

> ¥315,000－¥150,000

(借) ②(　　　　　) ③(　　　　　)　(貸) ①(　　　　　)　150,000

> 法人税，住民税及び事業税の額から中間申告の額を差し引いた金額は，未払法人税等勘定で処理する → ④(　　　　　) ⑤(　　　　)

×2年5月28日　確定申告を行い，決算で計上した法人税，住民税及び事業税の額から中間申告納付額を差し引いた金額を普通預金から納付した。

> 確定申告は，未払法人税等勘定の金額を納付する

(借) ④(　　　　　) ⑤(　　　　)　(貸) 普 通 預 金 ⑤(　　　　)

32 1 次の連続する取引の仕訳を示しなさい。

(1) 広島商事株式会社(決算年1回)は法人税，住民税及び事業税の中間申告を行い，前年度の法人税，住民税及び事業税の合計額¥600,000の2分の1を現金で納付した。

(2) 決算にあたり，当期の法人税，住民税及び事業税の合計額¥700,000を計上した。

(3) 確定申告を行い，中間申告で納付した法人税，住民税及び事業税額を差し引き，残額¥400,000を現金で納付した。

	借　　　　方	貸　　　　方
(1)		
(2)		
(3)		

32 2 次の資料から，決算における法人税，住民税及び事業税の額を求めなさい。

資　料

(1) 決算日における収益と費用(法人税・住民税・事業税を除く)の総額

収益総額　¥3,500,000　　費用総額　¥2,300,000

(2) 税引前当期純利益に対する法人税，住民税及び事業税の税率　35%

¥

32 3 次の取引の仕訳を示しなさい。

(1) 静岡商事株式会社は，決算の結果，当期純利益¥3,260,000を計上した。

(2) 長野商事株式会社は，設立にさいし，株式500株を1株につき¥75,000で発行し，全額の引き受け・払い込みを受け，払込金は当座預金とした。

(3) 佐賀商事株式会社は，決算にあたり，当期の法人税，住民税及び事業税の合計額¥1,360,000を計上した。ただし，中間申告のさい¥570,000を納付している。

(4) 福岡商事株式会社は，事業拡張のため，新たに株式200株を1株につき¥140,000で発行し，全額の引き受け・払い込みを受け，払込金は当座預金とした。

(5) 山梨商事株式会社は，株主総会において，繰越利益剰余金の貸方残高¥4,780,000のうち¥3,700,000を配当する決議を行った。また，¥370,000を利益準備金として計上した。

(6) 富山商事株式会社は，決算の結果，当期純損失¥860,000を計上した。

(7) 大分商事株式会社は，中間申告を行い，前年度の法人税，住民税及び事業税の合計額¥780,000の2分の1を現金で納付した。

(8) 岡山商事株式会社は，法人税，住民税及び事業税の確定申告を行い，決算で計上した法人税，住民税及び事業税の額から中間申告のさい納付した額を差し引いた¥620,000を現金で納付した。

	借　　　方	貸　　　方
(1)		
(2)		
(3)		
(4)		
(5)		
(6)		
(7)		
(8)		

32 4 次の資料から，決算における法人税，住民税及び事業税の額を求めなさい。

資　料

(1) 決算日における収益と費用（法人税・住民税・事業税を除く）の総額
   収益総額　¥5,630,000　　費用総額　¥4,200,000

(2) 税引前当期純利益に対する法人税，住民税及び事業税の税率　40%

¥

33 精算表⑶

減価償却費の月次処理　　日商

　毎月の経営状態を把握するために，月末に決算を行うことを**月次決算**という。月次決算では，毎月末において1か月分の減価償却費を計上する。

例題1　次の連続する取引の仕訳を示しなさい。なお，会計期間は4月1日から翌年3月31日までである。

　×1年4月30日　　月次決算にあたり，備品の減価償却費を計上した。なお，備品の取得原価は¥720,000，残存価額はゼロ，耐用年数は8年とし，定額法により計算し，間接法で記帳している。

> 1か月分の減価償却費＝（¥720,000－¥0）÷8年÷12か月

　　　　　　　　（借）減 価 償 却 費①（　　　　　）　（貸）備品減価償却累計額①（　　　　　）

　×2年3月31日　　年次決算にあたり，備品の減価償却費を計上した。なお，月次処理による減価償却費の計上は2月まで正常に行われている。

> すでに11か月分は計上されているので，1か月分¥7,500の減価償却費を計上する

　　　　　　　　（借）減 価 償 却 費②（　　　　　）　（貸）備品減価償却累計額②（　　　　　）

---

33 1　次の決算整理事項等にもとづいて，精算表を完成しなさい。なお，当期は×1年4月1日から×2年3月31日までである。

決算整理事項等

① 決算日に，普通預金A銀行から普通預金B銀行に¥500,000を振り込んだが，この取引が未処理であった。また，この振り込みによる手数料¥700が普通預金A銀行の口座から差し引かれていた。

② 決算日に出張から戻った従業員が，旅費交通費について次の領収書を提出したので，この金額をいったん未払金に計上した。

> 領　収　書
> 運賃　¥1,200
> 上記のとおり領収いたしました。
> 　　　　　　東西交通観光㈱

> 領　収　書
> 宿泊費　シングル1名　¥7,000
> 上記のとおり領収いたしました。
> 　　　　　　㈱東西ビジネスホテル

③ 売掛金の期末残高に対して4％の貸倒引当金を差額補充法により設定する。

④ すでに費用処理した収入印紙のうち¥2,500は未使用であったので，貯蔵品勘定に振り替える。

⑤ 期末商品棚卸高は¥120,000である。売上原価は「仕入」の行で計算する。

⑥ 備品（残存価額ゼロ，耐用年数5年）について定額法で減価償却を行う。なお，当社は減価償却費の計上にあたり，月割額を毎月末に計上する方法によっている。

⑦ 給料の未払分が¥14,000ある。

⑧ 借入金は当期の12月1日に期間1年，利率5％で借り入れたものであり，借り入れたときに1年分の利息を差し引かれている。よって，利息の前払分を月割で計上する。

勘定科目	残高試算表		整 理 記 入		損益計算書		貸借対照表	
	借 方	貸 方	借 方	貸 方	借 方	貸 方	借 方	貸 方
現　　　金	180,000							
普通預金A銀行	1,176,000							
普通預金B銀行	258,000							
売　掛　金	450,000							
繰 越 商 品	172,000							
備　　　品	450,000							
土　　　地	310,000							
買　掛　金		140,000						
未　払　金		20,000						
借　入　金		180,000						
貸 倒 引 当 金		8,000						
備品減価償却累計額		172,500						
資　本　金		1,200,000						
繰越利益剰余金		549,000						
売　　　上		4,625,000						
仕　　　入	2,875,000							
給　　　料	390,000							
支 払 家 賃	490,000							
旅 費 交 通 費	37,500							
支 払 手 数 料	2,000							
租 税 公 課	12,500							
減 価 償 却 費	82,500							
支 払 利 息	9,000							
	6,894,500	6,894,500						
貸倒引当金繰入								
（　　　　）								
（　　　）給　料								
（　　　）利　息								
当期純（　　　）								

売上原価勘定を用いる処理　　日商

　決算において，売上原価を仕入勘定ではなく，**売上原価勘定（費用）**を用いて算定する方法もある。この方法では，繰越商品勘定の残高と仕入勘定の残高を売上原価勘定に振り替え，期末商品棚卸高を売上原価勘定から繰越商品勘定に振り替える。

例題 2 次の資料から，商品に関する決算整理仕訳を示しなさい。ただし，売上原価は売上原価勘定で計算する。

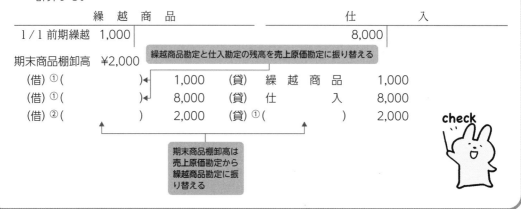

33 2　次の決算整理事項等にもとづいて，精算表を完成しなさい。なお，当期は×1年4月1日から×2年3月31日までである。

決算整理事項等

① 売掛金¥80,000が当座預金口座に振り込まれていたが，この取引が未記帳であった。

② 当座預金の貸方残高を当座借越勘定に振り替える。

③ 電子記録債権と売掛金の期末残高に対して4％の貸倒引当金を差額補充法により設定する。

④ 仮払消費税と仮受消費税を相殺し，その差額を未払消費税勘定に計上する。

⑤ 期末商品棚卸高は¥419,000である。売上原価は「売上原価」の行で計算する。

⑥ 建物（残存価額ゼロ，耐用年数30年）について定額法で減価償却を行う。

⑦ 保険料の前払分¥4,000を計上する。

⑧ 借入金は当期の6月1日に利率4％で借り入れたものであり，その利息は毎年11月と5月の末日に直前の半年分を支払う契約となっている。よって，利息の未払分を月割で計上する。

精　算　表

勘定科目	残高試算表 借方	残高試算表 貸方	整理記入 借方	整理記入 貸方	損益計算書 借方	損益計算書 貸方	貸借対照表 借方	貸借対照表 貸方
現　　　金	178,000							
当 座 預 金		197,000						
電子記録債権	200,000							
売 　掛 　金	375,000							
仮 払 消 費 税	288,000							
繰 越 商 品	460,000							
建 　　　物	1,200,000							
土 　　　地	820,000							
買 　掛 　金		120,000						
借 　入 　金		150,000						
仮 受 消 費 税		392,000						
貸 倒 引 当 金		9,000						
建物減価償却累計額		480,000						
資 　本 　金		1,000,000						
繰越利益剰余金		365,000						
売 　　　上		4,900,000						
仕 　　　入	3,600,000							
給 　　　料	454,000							
旅 費 交 通 費	25,000							
保 　険 　料	10,000							
支 払 利 息	3,000							
	7,613,000	7,613,000						
当 座 借 越								
貸倒引当金繰入								
未 払 消 費 税								
売 上 原 価								
減 価 償 却 費								
（　）保険料								
（　）利　息								
当期純（　）								

34 損益計算書と貸借対照表(3)

34-1 次の［資料１］と［資料２］にもとづいて，貸借対照表と損益計算書を作成しなさい。なお，当期は×1年4月1日から×2年3月31日までの1年間である。

［資料１］　決算整理前残高試算表

借　　方	勘定科目	貸　　方
330,000	現　　　　金	
	当 座 預 金	271,200
685,200	普 通 預 金	
564,000	売 　掛 　金	
55,200	仮払法人税等	
169,200	繰 越 商 品	
1,080,000	建　　　　物	
480,000	備　　　　品	
1,128,000	土　　　　地	
	買 　掛 　金	384,000
	社会保険料預り金	15,600
	貸 倒 引 当 金	6,000
	建物減価償却累計額	216,000
	備品減価償却累計額	288,000
	資　　本　　金	2,160,000
	繰越利益剰余金	567,600
	売　　　　上	3,984,000
	受 取 手 数 料	96,000
2,280,000	仕　　　　入	
576,000	給　　　　料	
350,400	広 告 宣 伝 費	
21,600	保　　険　　料	
100,800	旅 費 交 通 費	
168,000	法 定 福 利 費	
7,988,400		7,988,400

［資料２］　決算整理事項等

1. 現金の実際有高は¥316,800であったので，帳簿残高との差額を調査したところ，¥12,000は旅費交通費の記入もれであることが判明したが，残額については原因不明なので，雑損または雑益として処理する。

2. 売掛金¥84,000が当座預金口座に振り込まれていたが，この取引が未記帳であることが判明した。

3. 当座預金の貸方残高を借入金勘定に振り替える。

4. 売掛金の期末残高に対して2％の貸倒引当金を差額補充法により設定する。

5. 期末商品棚卸高は¥130,800である。

6. 有形固定資産について，定額法により減価償却を行う。

　　　建物：残存価額ゼロ，耐用年数30年
　　　備品：残存価額ゼロ，耐用年数5年

7. 保険料¥21,600は9月1日に向こう1年分を支払ったものであり，前払分を月割で計上する。

8. 手数料の未収分が¥14,400ある。

9. 法定福利費の未払分¥15,600を計上する。

10. 当期の法人税，住民税及び事業税が¥136,800と計算されたので，仮払法人税等との差額を未払法人税等として計上する。

貸 借 対 照 表
×2年3月31日　　　　　　　　　　　　　　　　　　（単位：円）

現　　　　金		（　　　　　）	買　掛　金		（　　　　　）
普 通 預 金		（　　　　　）	社会保険料預り金		（　　　　　）
売　掛　金	（　　　　　）		借　入　金		（　　　　　）
（　　　　　）△（　　　　　）		（　　　　　）	未 払 費 用		（　　　　　）
商　　　　品		（　　　　　）	未払法人税等		（　　　　　）
前 払 費 用		（　　　　　）	資　本　金		（　　　　　）
（　　　）収　益		（　　　　　）	繰越利益剰余金		（　　　　　）
建　　　　物	（　　　　　）				
減価償却累計額 △（　　　　　）		（　　　　　）			
備　　　　品	（　　　　　）				
減価償却累計額 △（　　　　　）		（　　　　　）			
土　　　　地		（　　　　　）			
		（　　　　　）			（　　　　　）

損 益 計 算 書
×1年4月1日から×2年3月31日まで　　　　　　　　（単位：円）

売 上 原 価	（　　　　　）	売　上　高		（　　　　　）
給　　　料	（　　　　　）	受 取 手 数 料		（　　　　　）
広 告 宣 伝 費	（　　　　　）			
保　険　料	（　　　　　）			
旅 費 交 通 費	（　　　　　）			
法 定 福 利 費	（　　　　　）			
貸倒引当金繰入	（　　　　　）			
減 価 償 却 費	（　　　　　）			
雑　（　　　）	（　　　　　）			
法人税, 住民税及び事業税	（　　　　　）			
当期純（　　　）	（　　　　　）			
	（　　　　　）			（　　　　　）

次の［資料1］と［資料2］にもとづいて，貸借対照表と損益計算書を作成しなさい。なお，当期は×1年4月1日から×2年3月31日までの1年間である。

［資料1］　決算整理前残高試算表

借　方	勘定科目	貸　方
120,000	現　　　　　金	
458,000	当　座　預　金	
176,000	電子記録債権	
201,500	売　　掛　　金	
60,000	仮払法人税等	
165,000	繰　越　商　品	
1,000,000	建　　　　　物	
200,000	備　　　　　品	
750,000	土　　　　　地	
	買　　掛　　金	387,000
	社会保険料預り金	7,500
	貸　倒　引　当　金	7,000
	建物減価償却累計額	125,000
	備品減価償却累計額	25,000
	資　　本　　金	1,250,000
	繰越利益剰余金	755,000
	売　　　　　上	4,597,500
	受　取　手　数　料	215,500
3,738,000	仕　　　　　入	
310,000	給　　　　　料	
62,500	広　告　宣　伝　費	
30,000	通　　信　　費	
18,500	水　道　光　熱　費	
80,000	法　定　福　利　費	
7,369,500		7,369,500

［資料2］　決算整理事項等

1．現金の実際有高は¥113,000である。帳簿残高との差異の原因は不明であるため，適切に処理する。

2．買掛金¥100,000を小切手を振り出して支払っていた取引が未処理である。

3．電子記録債権および売掛金の期末残高に対して4％の貸倒引当金を差額補充法により設定する。

4．期末商品棚卸高は¥145,000である。

5．有形固定資産について，定額法により減価償却を行う。
　　建物：残存価額ゼロ，耐用年数40年
　　備品：残存価額ゼロ，耐用年数4年

6．すでに費用処理した郵便切手¥2,000が未使用であったので，貯蔵品勘定に振り替える。

7．手数料の前受分が¥39,000ある。

8．法定福利費の未払分¥7,500を計上する。

9．当期の法人税，住民税及び事業税が¥114,500と計算されたので，仮払法人税等との差額を未払法人税等として計上する。

日商

貸 借 対 照 表
×2年3月31日 　　　　　　　　　　　　　　　　（単位：円）

現　　　　　金	（　　　　　）	買　　掛　　金	（　　　　　）
当 座 預 金	（　　　　　）	社会保険料預り金	（　　　　　）
電 子 記 録 債 権 （　　　）		前 受 収 益	（　　　　　）
売　掛　金 （　　　）		（　　　）費 用	（　　　　　）
（　　　　　）△（　　　） （　　　）		未 払 法 人 税 等	（　　　　　）
商　　　　　品	（　　　　　）	資　　本　　金	（　　　　　）
貯　蔵　品	（　　　　　）	繰越利益剰余金	（　　　　　）
建　　　　　物 （　　　）			
減価償却累計額 △（　　　） （　　　）			
備　　　　　品 （　　　）			
減価償却累計額 △（　　　） （　　　）			
土　　　　　地	（　　　　　）		
	（　　　　　）		（　　　　　）

損 益 計 算 書
×1年4月1日から×2年3月31日まで 　　　　　　　　　（単位：円）

売 上 原 価	（　　　　　）	売　上　高	（　　　　　）
給　　　　料	（　　　　　）	受 取 手 数 料	（　　　　　）
広 告 宣 伝 費	（　　　　　）		
通　信　費	（　　　　　）		
水 道 光 熱 費	（　　　　　）		
法 定 福 利 費	（　　　　　）		
貸倒引当金繰入	（　　　　　）		
減 価 償 却 費	（　　　　　）		
雑　　（　　　）	（　　　　　）		
法人税, 住民税及び事業税	（　　　　　）		
当 期 純（　　　）	（　　　　　）		
	（　　　　　）		（　　　　　）

日
商

本文基本デザイン──
DESIGN＋SLIM　　松　利江子

QR コードは（株）デンソーウェーブの登録商標です。

スピードマスター
精選簿記演習　改訂版

● 編　者──実教出版編修部

● 発行者──小田　良次

● 印刷所──株式会社太洋社

● 発行所──実教出版株式会社

〒 102-8377
東京都千代田区五番町 5
電話〈営業〉（03）3238-7777
　　〈編修〉（03）3238-7332
　　〈総務〉（03）3238-7700
https://www.jikkyo.co.jp/

002502020023　　　　ISBN 978-4-407-35962-6